MY FAVORITE PLACES TO
EXPERIENCE GREAT TASTES

MY SECRET LONDON

秘密のロンドン50

山本 ゆりこ

はじめに

パリで暮らしていた頃から、ロンドンへは何度も足を運んだ。焼き菓子が好きで、イギリスの製菓学校への入学を希望した時期もある。訪れた数あるヨーロッパの都市の中でも、最も多いと胸を張っていえるだろう。初めて訪れたのは1997年だった。その頃はパリからロンドンまで3時間かかり、到着もウォータールー駅だった。初めて口にした本場のミルクティーが、身震いするほどおいしくて、本でしか見たことがなかった焼き菓子ひとつひとつにも感動した。食の世界では、イギリスはおいしくないという悪評をくつがえすべく、モダン・ブリティッシュというムーヴメントが起きている真っ最中。これは、英国らしい食材や料理にイタリアンやフレンチの要素をとり入れ、ヘルシーで洗練されたひと皿へと昇華させたものだ。スターバックスに代表されるエスプレッソ・バーも、すでに方々にあった。ロンドンは新しい文化をスポンジのように吸収している、私の目にはそう映った。あれから15年……、ここでご紹介するのは、足しげく通って見つけたとっておきの50軒だ。イギリスの伝統と革新の集合体を、ゆっくりとご賞味ください。

リッチモンド生まれの銘菓メイズ・オブ・オーナーが並ぶ。

目次

中央エリア

- Rococo Chocolates　ロココ・チョコレーツ …… 12
- Newman Arms　ニューマン・アームス …… 16
- Scandinavian Kitchen　スカンジナヴィアン・キッチン …… 18
- Maison Bertaux　メゾン・ベルトー …… 20
- Rose Bakery　ローズ・ベーカリー …… 22
- Postcard Teas　ポストカード・ティーズ …… 24
- The Regent's Park　リージェンツ・パーク …… 26
- The Connaught　コノート・ホテル …… 28
- Nordic Bakery　ノルディック・ベーカリー …… 30

- Violet　ヴァイオレット …… 58
- A.Gold　エー・ゴールド …… 60
- V.V.Rouleaux　ヴェー・ヴェー・ルロー …… 62
- Mar Mar Co.　マー・マー・コー …… 64
- Tools　ツールズ …… 66
- Geffrye Museum　ジェフリー・ミュージアム …… 68
- Broadway Market　ブロードウェイ・マーケット …… 70
- Verde & Co.　ヴェルデ・アンド・コー …… 72
- Vintage Heaven & Cakehole　ヴィンテージ・ヘヴン・アンド・ケイクホール …… 76

- Regency Cafe　リージェンシー・カフェ …… 98
- Daylesford Organic　デイルズフォード・オーガニック …… 100
- Victoria and Albert Museum　ヴィクトリア・アンド・アルバート・ミュージアム …… 102
- Melt　メルト …… 104
- Ottolenghi　オトレンギ …… 106
- Books for Cooks　ブックス・フォー・クックス …… 108
- Petersham Nurseries　ピーターシャム・ナーセリーズ …… 110
- Divertimenti　ディヴェルティメンティ …… 112
- Laxeiro　ラッシェイロ …… 114

Cocomaya ココマヤ	32
The Golden Hind ザ・ゴールデン・ハインド	34
Bea's of Bloomsbury ビーズ・オブ・ブルームスベリー	36
Koya こや	38
Da Polpo ダ・ポルポ	40
Gelupo ゲルーポ	41
東エリア	
Towpath トウパス	46
Leila's Shop レイラズ・ショップ	50
Rochelle Canteen ロッシェル・キャンティーン	54
Labour and Wait レイバー・アンド・ウエイト	56

Euphorium Bakery ユーフォリウム・ベーカリー	78
Ryantown ライアンタウン	80
E.Pellicci イー・ペリッチ	82
St. John Bar and Restaurant セント・ジョン・バー・アンド・レストラン	84
St. John Bread and Wine セント・ジョン・ブレッド・アンド・ワイン	86
Undercurren:s アンダーカレンツ	88
Jasper Morrison Shop ジャスパー・モリソン・ショップ	89
西＆南エリア	
David Mellor デイヴィッド・メラー	94
Brady's ブレイディズ	96

The Original Maids of Honour Shop ザ・オリジナル・メイズ・オブ・オーナー・ショップ	116
Borough Market ボロー・マーケット	118
Maltby Street モルトビー・ストリート	119
Retro Home & Jewellery レトロ・ホーム・アンド・ジュエリー	120
ロンドンの楽しみ方	8
中央エリアの歩き方	29
東エリアの歩き方	71
西＆南エリアの歩き方	105
ロンドンのお土産、エトセトラ	122
交通機関を使いこなす	126
インデックス	127

HOW TO ENJOY LONDON
WITH YURIKO YAMAMOTO
山本ゆりこ流　ロンドンの楽しみ方

「ロンドンのどこが好き?」と聞かれると、私はまず、パリとの違いを探り、パリになくてロンドンにあるもの、パリでは楽しめなくてロンドンで楽しめることを思い浮かべる。以下は、そんな私流の楽しみ方。

アフタヌーンティー

イギリスといえばアフタヌーンティー。本格的なアフタヌーンティーが楽しめるのは、やはりホテルだろう。こちらのサイト www.afternoontea.co.uk には、本書でご紹介しているコノート・ホテル以外にも、アフタヌーンティーがいただけるホテル等がたくさん紹介されている。サーヴィスが始まるのは大体15時から。予約を入れ、お腹をすかせて行こう。

写真提供／The Connaught

朝ごはん

イングリッシュ・ブレックファーストに代表されるように、イギリス人は朝食をたっぷりと食べる習慣がある。だから、ロンドンのベーカリー、ケーキショップ、カフェ、デリカテッセン、さらに一部のレストランでも朝食がいただける。パンだけでなく、グラノーラやポーリッジ(オートミールのおかゆ)、卵料理など、メニューはお店によっていろいろだ。早起きをして、ヴァラエティーに富んだ朝ごはんでお腹を満たそう。

公園でごはん

ロンドンの公園はひとつひとつが広くて、きちんと手入れが行き届いている。さすがガーデニングの国。植物に対する愛着はフランス人以上だ。そして、昔ながらのサンドウィッチ・バーや流行のデリカテッセンなど、食べものを調達する店にも困らない。特にデリカテッセンは、フレッシュな野菜をたっぷりと使ったメニューが多く、旅先の野菜不足もすっかり解消される。飲みものからスイーツまで、一式買い揃えて公園へと向かおう。

ENJOYMENT OF LONDON

マーケット巡り

パリのマルシェや蚤の市もかなり魅力的だけれど、旅行者目線でいうと、ロンドンのマーケットは、その上をいっていると思う。その場で食べられるものが多いし、古着や雑貨なども一緒に売っている。マーケット巡りだけで、お腹と物欲の両方を満たすことができるのだ。毎日、ロンドンのどこでどんなマーケットが開かれているかは、こちらのサイト www.timeout.com/london/feature/2385/london-markets-calendarで確認し、出かけて行こう。

デパート巡り

ハロッズ、リバティー、フォートナム&メイソンをはじめとするデパートが充実していて、見て回るだけでも楽しい。特にこれら老舗3軒は建物やインテリアも素敵だし、品揃えに筋の通ったプライドを感じる。ジョン・ルイスやピーター・ジョーンズ、セルフリッジ、ハーヴェイ・ニコルズなどのモダンなデパートも負けていない。各デパートが出しているオリジナル&PB商品の中で、お土産を探すのもいいかもしれない。

イギリスの伝統食

フィッシュ&チップス、ソーセージ&マッシュポテト、パイなど、イギリスの伝統料理が結構好きだ。せっかくイギリスにいるのだから、こういった伝統料理もしっかり味わいたい。伝統料理に限らず、チェダーやスティルトンといったイングリッシュ・チーズを買ってみるのもいいかもしれない。今、はまっているのが、イングリッシュ・チーズをオーツケーキというクラッカーにのせ、チャツネをつけて食べるというイギリス風の食べ方。イギリスはインドを植民地にしていたことからその食文化もかなり浸透している。チャツネはその代表で、いろいろな果物やスパイスをブレンドしたタイプがスーパーマーケットでも手に入る。この組み合わせ、滞在中に一度お試しあれ。

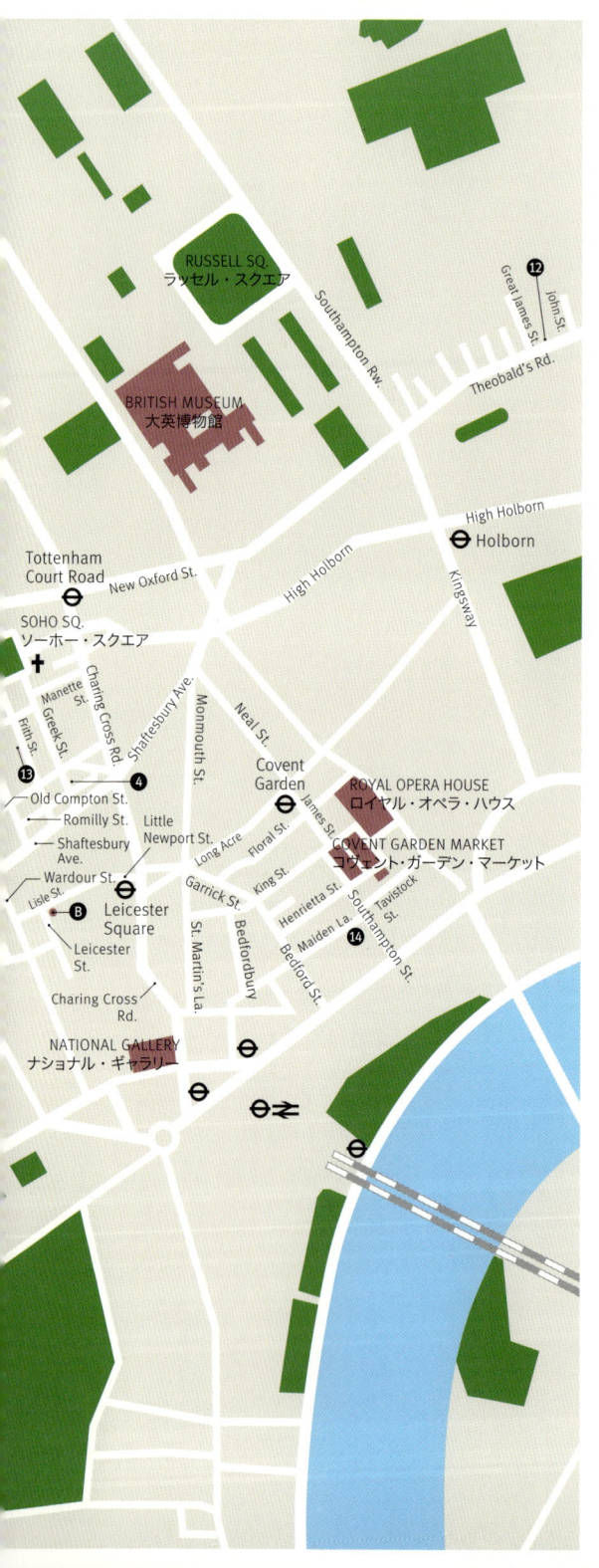

CENTRAL AREA

中央エリア

- ①-I ロココ・チョコレーツ (p.12)
- ② ニューマン・アームス (p.16)
- ③ スカンジナヴィアン・キッチン (p.18)
- ④ メゾン・ベルトー (p.20)
- ⑤ ローズ・ベーカリー (p.22)
- ⑥ ポストカード・ティーズ (p.24)
- ⑦ リージェンツ・パーク (p.26)
- ⑧ コノート・ホテル (p.28)
- ⑨-I ノルディック・ベーカリー (p.30)
- ⑨-II ノルディック・ベーカリー
- ⑩-I ココマヤ (p.32)
- ⑪ ザ・ゴールデン・ハインド (p.34)
- ⑫ ビーズ・オブ・ブルームズベリー (p.36)
- ⑬ こや (p.38)
- ⑭ ダ・ポルポ (p.40)
- ⑮ ゲルーポ (p.41)
- ㊴-II ヴェー・ヴェー・ルロー (p.100)
- ㊻-II ディヴェルティメンティ (p.114)
- Ⓐ ジョン・ルイス・フード・ホール (p.122)
- Ⓑ セント・ジョン・ホテル (p.122)
- Ⓓ ペイトン&バーン (p.123)
- Ⓕ フォートナム・アンド・メイソン (p.123)
- Ⓖ ジョン・ベル・アンド・クロイデン (p.123)

Rococo Chocolates

ロココ・チョコレーツ【チョコレートショップ】

<マリルボーン店> 45 Marylebone High Street, W1U 5HG
MAP p.11 ❶-I 「Baker Street」駅　TEL 020 7935 7780
日・月 12:00-17:00／火-土 10:00-18:30　www.rococochocolates.com

チョコレートといえばヨーロッパではインの隅々にまで、シャンタルさんのセンスが行き届いているのだ。フレンチアンティークのチョコレート型がプリントされた包みを手にすると、女性なら思わずフッと笑みがこぼれるだろう。

イギリスのチョコレート業界で、花やスパイスなど、珍しいフレーバーのチョコレートを作りはじめたのもロココ・チョコレーツだったと記憶している。人気のミルクチョコレート「Sea Salt(＝海塩)」をいただいた時のおいしさは、今でもクリアに私の舌に刻み込まれているから。

ここで作られているひと口サイズのチョコレートは、大きく分けて3タイプある。賞味期限が約3週間のフレッシュチョコレート「Truffle(トラッフル)」。賞味期限が約3ヶ月と長い、フォンダンのような乳白色の甘いクリームが詰まったイングリッシュセレクション。そして、例えばオレンジピールやジンジャーのチョコレートは贈りものの筆頭だから、味と同じくらいパッケージも重要視されていると思う。小箱に収まっている時から、小さく束ねたブーケのように素敵であるのが望ましい。そんなところも含めて総合的に評価するなら、ヨーロッパでナンバー1のチョコレートショップは、フランスでもベルギーでもない、イギリス生まれのロココ・チョコレーツだろう。

テキスタイルデザイナーだったシャンタル・コーディーさんが、キングス通りに1号店をオープンさせたのは1983年のこと。ご存知のように「ロココ」とは、フランスのルイ15世の時代に華開いた優美で繊細な文化のスタイルだ。その響きから、きらびやかなイメージが伴うが、ここはグリーンを帯びた何ともいえないニュアンスのブルーをテーマカラーに使っているからか、かわいさの中にもシックな印象を受ける。そして、パッケージデザ

ひと口サイズの手作りチョコレート、板チョコ、粒チョコ、
薄い円形チョコなどが、かわいいパッケージに詰められている。

ベルグレイヴィア店のモロッコスタイルのカフェでは、ホットチョコレートの他に、コーヒー、お茶、焼き菓子などもいただける。

<ベルグレイヴィア店>
5 Motcomb Street, SW1X 8JU　MAP p.92 ❶-Ⅱ
「Knightsbridge」駅 Exit 3　TEL 020 7245 0993
月−土 10:00−18:30／日 12:00−17:00

<チェルシー店>
321 Kings Road, SW3 5EP　MAP p.93 ❶-Ⅲ
「Sloane Square」駅　TEL 020 7352 5857
日・月 12:00−17:00／火−土 10:00−18:30

のパターンだ。

今やロンドン市内に3店舗を構えるロココ・チョコレーツ。セルフリッジやリバティーなどの有名デパートでも購入できるが、やっぱり、路面店まで足を運んで買いたくなる。それはカカオの香りに包まれながら、小劇場に身を置いたようなワクワク感が味わえるから。

個人的には、マリルボーン店の佇まいが広さもほどよく、一番好ましい。庭つきのカフェが併設されたベルグレイヴィア店も、オリジナルのホットチョコレートがいただけるので、ハロッズへ行くついでに足をのばすことが多い。

近年シャンタルさんは、モロッコタイルの意匠に大層魅了されているか。板状のチョコレートのデザインもリニューアルされ、カフェのお庭にもモロッコスタイルがとり入れられている。色と形をパッチワークのように紡いだ大胆なデザインは、ロココ・チョコレーツの新しい顔になりつつある。

けど、前の2つに当てはまらないタイプのチョコレートだ。

私のおすすめはクリオロのガナッシュのトラッフルだ。「クリオロ」はカカオの3大品種のひとつで、最高級とされている。このトラッフルを口に含むと、とけていくにしたがって、エレガントなカカオの香りに、バターの軽く発酵した香りとコクが合わさって、えもいわれぬおいしさが舌の上に広がる。このピュアなガナッシュフレーバーを十分に堪能してから、いろいろなフレーバーに移るのが好きな食べ方。春はワイルドストロベリーのキャラメル、夏はアプリコットとアーモンド、秋は無花果とくるみのプラリネ、冬はカリンと蜂蜜など、定番の他に常時3〜4種の季節のフレーバーがあるので（年によって異なるそう）、その季節の香りがギュッと詰まったひと粒を選びたい。そして、お土産用には、板状の海塩入りミルクチョコレートをどっさりと買っていくのがいつも

Newman Arms

ニューマン・アームス【バー／レストラン】
23 Rathbone Street, W1T 1NG　MAP p.11 ❷　「Goodge Street」駅
TEL 020 7636 1127　12:00-0:00（バー）、ランチ 12:00-15:00／
ディナー 18:00-22:00（レストラン）　土、日曜休み　newmanarms.co.uk

私が好きなイギリス料理のひとつが、パイ。「パイ」という響きも、生地で素材を包み込むその調理法も、強く心ひかれる。けれど、料理として供されるイギリスのパイは、みなさんがイメージするものとは少し違うと思う。その正体はというと、ゆっくりと時間をかけて煮込んだシチューを1人前、小さめの楕円の耐熱皿によそい、すっぽりとパイ生地で覆ってオーブンで焼いたもの。見た感じはロシアの壺焼きスープに似ているが、もっと豪勢でメイン料理としても申し分ない。パイ生地をサクッと割った瞬間、ほわっと立ちのぼる湯気もまたごちそうだ。

ソーホーエリアにこのパイが食べたくて通うパブがある。1階は常連客が集うバーで、2階がレストランになっている。年月を経てアメ色になった木の内装が美しく、映画のロケにも使われたことがあるとか。

パイメニューは、中に入っているシチューの種類によって異なり、ステキ&キドニー（腎臓）、ヴェジタリアン、チキン&ギャモン（塩漬けの豚肉）&長ねぎ、黒こしょう風味のチキン&ブロッコリー、ビーフ&ギネス、ラム&ローズマリーの他に、各曜日の特別パイというのがある。まず私はそれが何かを確認し、おいしそうなら「特別」を、そうでなければ、ギネスビールでこっくりと煮込んだビーフシチュー入りのパイ「ビーフ&ギネス」を注文する。ビーフといっても、タイムの香りをきかせ、あっさりめに仕上げてあるから、パイと合わせても全然くどくない。パイポットの横には、じゃがいも、キャベツ、人参、ブロッコリーなど茹で野菜が同じくらいのボリュームで添えられていて、栄養的にもパーフェクトだ。野菜が不足しがちな旅行者には、とてもありがたい。メニューには、パイと並ぶ代表的なイギリス料理「プディング」もあるのだが、いまだに手が出ずにいる。ここでパイが食べたいという気持ちは、かたくななものなのだ。

定番のパイで一番人気は「ビーフ＆ギネス」。
ロンドンの中心で、このボリュームなのに、9.95ポンドという安さもうれしい。

Scandinavian Kitchen

スカンジナヴィアン・キッチン【食料品店／デリカテッセン／カフェ】
61 Great Titchfield Street, W1W 7PP　MAP p.11 ❸　「Oxford Circus」駅 Exit 1
TEL 020 7580 7161　月–金 8:00–19:00／土 10:00–18:00／日 10:00–16:00
※ランチ 月–金 11:00–、土・日 12:00–　www.scandikitchen.co.uk

好きなオープンサンドウィッチ3種にグリーンサラダがついたものが
イートインだと5.95ポンド、テイクアウトだと5.50ポンド。

ヨーロッパでは、デンマーク、スウェーデン、ノルウェー、フィンランドの北欧4カ国を、スカンジナヴィアと称する。正真正銘の北欧フードが味わえるのが、ロンドンで最もにぎわうオックスフォード・サーカスに近いスカンジナヴィアン・キッチン。デンマークやノルウェーの国旗を彩るあでやかな赤と、ぽかんと口を開けた顔のようなユニークなマークが目印だ。

ロンドン1の品揃えを誇る食料品コーナーには、20種類以上のニシンの酢漬け、チューブ入りのタラコペースト、クネッケ、リンゴンベリーのジャム、キャラメル色の甘いブロックチーズなど600種類以上の北欧フードが並んでいる。

カフェでは、代表的なデンマーク料理「スモーガス・ボード」がいただける。これは薄切りライ麦パンをボトム（台）にしたオープンサンドウィッチ。コールドビーフとレムラードソース、ゆで卵とトマト、デンマーク風レバー

インテリアはブロンテさんの妹さんが担当。飾り棚には北欧フードを並べて。
上段の丸いのはクネッケ（クリスピーブレッド）。

オーナーは、もちろん北欧出身。ご主人ヨーナス・オーレルさんがスウェーデン人、そして奥様ブロンテさんがデンマーク人だ。映画のストーリーのような運命的な出会いを経て結ばれた2人は、北欧フードを提供するお店を作りたいという夢を抱く。その夢は2007年7月に実現し、お店のオープンが第一子の誕生と重なるという、うれしいやら大変やらのハプニング。同時に手にした2つの宝物を大切に育むヨーナスさんとブロンテさん。2人の人柄もあってか、ロンドンにいながらにして北欧フードを身近に感じ、以前よりもずっと好きになっている。

ペーストとベーコンなど、いろいろな具材がカラフルにのせてある。食パン2枚でサンドしたものよりも断然ヘルシーだから、健康志向の強いロンドンっ子にも人気だ。

Maison Bertaux

メゾン・ベルトー【ケーキショップ／ベーカリー／カフェ】
28 Greek Street, W1D 5DQ　MAP p.10 ❹
「Leicester Square」駅 Exit 3　TEL 020 7437 6007
月〜土 8:30〜22:30／日 9:30〜20:00　www.maisonbertaux.com

ケーキの値札にはイートインとテイクアウトの値段が記されている。
メゾン・ベルトーではイートインの方が1ポンド弱、高くなる。

ロンドンの中心地にある一番古いフランス菓子屋さんは、創業1871年、今年で141歳になる。創業者のフレデリック・ベルトーさんは、戦火を逃れ、パリからロンドンへと渡ってきた。パリでもお菓子屋さんを営んでいたから、新天地でも丹精を込めてフランス菓子を作り続けた。その頃とかわらないエスプリやレシピは、4代目のウェイドさん姉妹に正しく受け継がれているよう。だって、ここのお菓子のファンはロンドンっ子だけではない、世界中からわざわざ「ロンドンのフランス菓子」を求めて来店し、リピーターになるお客が多いのだ。何を隠そう私もそのひとり。

通りの向こうにブルーとホワイトの縞々のテントが見えてくると、足どりが軽くなるのがわかる。ショウウインドウの近くまで来たら、一層速足になり、ガラス越しに吟味が始まる。豪勢に盛られたフルーツや、クリームがこってりと絞ってあるケーキたち

いち押しのモンブランとミルクティー。
この花柄のテーブルが並ぶ隣のスペースは、貸ギャラリーとしても機能している。

は、今日もおいしそうだ。私のお気に入りはモンブランとチーズケーキ。モンブランは淡く黄みがかった栗クリームとカシャッとくずれる香ばしい焼きメレンゲに生クリームが合わさったフレンチスタイル。チーズケーキはゼラチンでギュッと固まったベリーがどっさりのったレアタイプで、ケーキの部分も、プルルンと軽い弾力があってほどよい口当たり。その他、アーモンドクロワッサンやパリブレスト、エクレアが人気だとか。ロンドン1と評判の高いベルトーのクロワッサンは、甘みよりも塩味が強く、パリのパン屋で売られているような骨太のクロワッサン。外皮までしっかり焼けている。ベルトーのお菓子には、本国でも失われつつあるフランス菓子の素朴な佇まいがある。食べる度に、舌も心も素直に「おいしい」と唱えてしまうようないとおしい味なのだ。

Rose Bakery

ローズ・ベーカリー【カフェ】
17-18 Dover Street, W1S 4LT　MAP p.11 ❺
「Green Park」駅　TEL 020 7518 0680
月－土 11:00－17:00／日 12:00－16:00
※ランチ 12:00－16:00　www.doverstreetmarket.com

中央の筒状の焼き菓子がオープン当時から人気のキャロットケーキ。
上の白いクリームはクリームチーズでできている。

日本にも3店舗あるこの店のオーナー、ローズ・キャラリニさんはイギリス人。有機野菜をたっぷり使ったお惣菜がいただけるカフェ兼デリカテッセン「ローズ・ベーカリー」をオープンさせ、パリで「オーガニック・カフェ」というジャンルを確立させた方ではないだろうか。1号店は、パリはモンマルトルの丘の麓、にぎやかな商店街にあり、その次にできたのがロンドン店だったと記憶している。

ロンドン店はメイフェアと呼ばれる高級ブティック街、コム・デ・ギャルソンがプロデュースするファッションビル、ドーヴァー・ストリート・マーケットの最上階にある。オープンキッチンとテーブル席が、ピカピカに磨かれたステンレスのカウンターで仕切られ、20人も座ればいっぱいになってしまうくらいのスペース。隣の人と肩が触れ合うくらいの密な空間で、いつ

日がわりメニューは黒板に書かれている。この日はナスのトマトグラタン（上）。ヴェジタブルプレートを盛りつけるフリックさん（左下）。

も混雑している。

現在、ここを任されているのは栗毛色のショートカットがよく似合うフリック・スキナーさん。カウンター越しに、フリックさんを中心とするスタッフが、きびきびと動きまわる様子がよく見える。

定番のランチメニューは、日がわりスープ（大・小）、ヴェジタブルプレート（大・小）、ヴェジタブルまたはベーコンキッシュ＋グリーンサラダ、リゾット＋グリーンサラダなど。日がわりメニューもある。スイーツは焼き菓子が中心で、ジャムとバターがついたスコーン、キャロットケーキ、フルーツのクランブル、ヘーゼルナッツのブラウニー、レモンポレンタケーキなど数品がカウンターに並ぶ。野菜たっぷりのプレートに粉ものデザートという組み合わせは、案外、女性にとって理想的なメニューなのかも。

Postcard Teas

ポストカード・ティーズ【茶葉専門店】
9 Dering Street, New Bond Street, W1S 1AG　MAP p.11 ❻
「Bond Street」駅　TEL 020 7629 3654
10:30-18:30　日曜休み　www.postcardteas.com

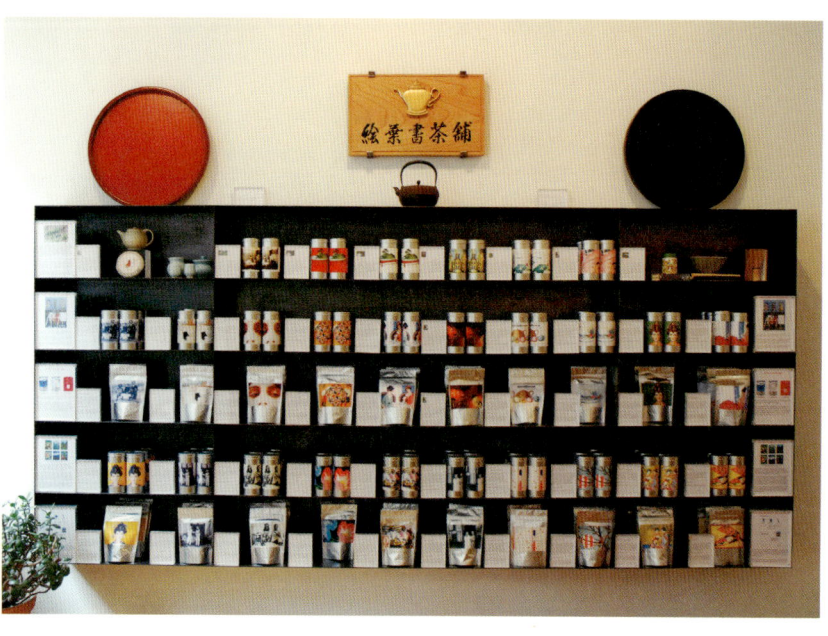

紅茶から緑茶まで、ここにあるラベルはすべて、
茶葉のイメージに合わせて、ポストカードからデザインを起こしている。

「ロンドンのおいしい紅茶屋さんってどこですか?」という質問に、さりげなく答えられたらカッコいいなあと思っていた。イギリスでいただく紅茶はスーパーマーケットで買ったティーバッグでも素晴らしくおいしいから、紅茶党ではない私が、専門店で買うことは案外しないものだ。そんな中、ポストカード・ティーズとの出会いは運命的だったように思う。お茶が大好きだというヴァイオレット(58頁)のクレアさんに教えていただき、ニュー・ボンド通りまで探しに行ったのに見つけられなかった。それから数日と経たないうちに、オーナーのティム・ドフェイさんの従兄弟という方とお知り合いになれたのだ。

墨色の上に POSTCARD TEAS のフォントがシンプルに映える風格のある店構え。名前の由来は、この店のユニークなシステムにあるという。それは茶袋に住所やメッセージを書いて、ポストカードのように郵送できると

約300年前の建物。200年前はお茶の葉も売る食料品店で、50年ほど前まではティーハウスだったとか。

いうもの。投函用のポストも店内に設置されている。お気に入りのお茶を人に送る（贈る）ことができるなんて、なんて粋なアイディアだろう。さらに、清潔感のあるモダンな店内では、すべてのお茶が、ティーカップか湯のみでたっぷりとテイスティングできる。その茶葉を購入すれば、テイスティング代は無料になる。

ティムさんは1997年に京都に留学し、その時に異国の茶文化に触れ、のめり込んでいったという。現在は年3回のペースで旅に出て、自分の足で農園をまわり、インド、スリランカ、日本、中国、台湾、タイ、ベトナムなど、アジアを中心においしい茶葉を集めてくる。「お茶もワインのように生産者の名前が前面に出てもよいのでは」というティムさんの考えや、ティーバッグは置かずリーフティーだけという徹底したポリシーには、心から拍手を送りたい。やっと胸を張って紹介できる茶葉専門店に巡り合えたと思う。

The Regent's Park

リージェンツ・パーク【公園】 MAP p.11 ❼
「Regent's Park」駅、「Baker Street」駅、「Great Portland Street」駅
5:00-17:00（1月）／5:00-18:00（2月）／5:00-20:00（3月の夏時間開始以降・9月）／
5:00-21:00（4・8月）／5:00-21:30（5・6・7月）／5:00-17:30（10月の夏時間終了まで）／
5:00-19:00（3月の夏時間開始まで・10月の夏時間終了以降）／5:00-16:30（11・12月）

数あるロンドンの公園の中でも、緑な形の木々が発見できる。新緑の頃はもちろんのこと、葉の色がかわるくまで吸い込みたい、澄んだいい空気を心ゆくまで吸い込みたい、そんな気持ちが高まって出かけて行くのがリージェンツ・パークだ。ロンドン北部にある王立公園で、行けども行けどもグリーンの絨毯が広がり、隅々までしっかりと手入れが行き届いていることにまず驚かされる。面積は約2平方キロメートル、その広大な敷地に動物園、バラ園、野外劇場など、様々な施設が点在している。

大きな庭を持てないロンドン市民にとって公園は暮らしになくてはならない存在だろう。公園でくつろぐ人々の楽しげな様子を見ていると、しみじみとそう感じる。彼らの楽しみ方とはちょっと違うけれど、私なりのリージェンツ・パークの楽しみ方がある。まずは、木々を観察しながらの散歩。雲のようにこんもりと茂った木、空に向かってとんがるようにのびた木、ふっくらと丸まった木など、ユニーク

ここに来る度に痛感している。

それから約400種のバラが植えられたクイーン・メアリーズ・ガーデンは、バラが咲く頃には必ず訪れる。濃いピンク、淡いピンク、ベージュっぽいピンク、ルビーっぽい赤、ワインレッドなど、バラの花々が何本も重なって広がった様子は、絵画のように美しい。花の名前を確かめ、ひとつひとつに顔を近づけ、甘い香りを嗅ぎ分ける。細い道のように整えられたアヴェニュー・ガーデンもまた素敵だ。スペースの両側に、ブルーっぽい色、ホワイト、イエロー、レッドと、同じ系統の色でまとめられた花々がエレガントに咲き揃う。

植栽におけるデザイン力はイギリス人が胸を張って誇れる技能なのだと、

える冬もまた趣があっていいと思う。裸ん坊になって枝のラインがよく見ハラハラと落ちていく秋も素敵だし、

公園内を一直線にのびる大きな道。両側には芝生が延々と広がる(上)。
ジョージ5世の妃、メアリー王妃にちなんで名づけられたバラ園(下)。

The Connaught

コノート・ホテル【ティールーム】 Carlos Place, W1K 2AL
MAP p.11 ❽ 「Bond Street」駅　TEL 020 7107 8861
(アフタヌーンティー予約専用)／020 7499 7070 (ホテル総合)
月-金 15:00-17:30 (予約が望ましい)／土・日 13:30-、15:30-、17:30- (3部制／要予約)　www.the-connaught.co.uk

フランスのジャム職人、クリスティーヌ・フェルベールさんのジャムから1種選べる。「Quince (=カリン)」がおすすめ。

写真提供／The Connaught

メイフェアにある5つ星のコノートは、重々しくも仰々しくもない、貴婦人のような佇まいの小ホテルだ。ホテル内のサロン、「Espelette (エスプレット)」でいただくアフタヌーンティーが何よりも楽しみで、予約をしてからその日を待ちわびる。

カーヴがかった広い窓に沿って並べられたテーブルへと案内され、軽い緊張を感じながら、席につく。私はシャンパンのつかないアフタヌーンティーセットを注文し、お茶とジャムの種類を選ぶ。3段重ねのスタンドとエレガントなティーポットが卓上に運ばれてから、心待ちにしていた儀式が始まる。スタンドの一番下はサンドウィッチ、その上2つが小ぶりに仕立てたパティスリー (フランス菓子) だ。タイミングを見計らって、2種のスコーンとまろやかなクロテッドクリーム、ジャムが供され、2種のパウンドケーキで夢の儀式は締めくくられる。

CENTRAL AREA

中央エリアの歩き方

中央エリアのおすすめスポットはまだまだある。2コースに分けてご紹介。

ベイカー・ストリート駅周辺

まずはベイカー・ストリート駅で降りてマリルボーン・ハイ・ストリート(Marylebone High St.)へ。この通りには、かわいい服屋、雑貨屋、本屋、レストラン、カフェが連なっている。ラブリーな英国製の陶器メーカー「エマ・ブリッジウォーター(Emma Bridgewater)」(81a番地)や老舗の本屋「ドウント・ブックス(Daunt Books)」(83番地)がおすすめ。この通りを南下して、マリルボーン・レーン(Marylebone Lane)に入ると、ジャムなどで知られるデリカテッセン「ポール・ロス・アンド・サン(Paul Rothe & Son)」(35番地)がある。さらに南下してウィグモア・ストリート(Wigmore St.)に出て左に曲がって進むと、ロンドンで最も品揃えが充実したファーマシー「ジョン・ベル・アンド・クロイデン(John Bell & Croyden)」がある。ここは売り場面積も広いので、かなりの見ごたえだ。さらに南下して、メインストリートのオックスフォード・ストリートまで出たら、「ジョン・ルイス(John Lewis)」というデパートへ。フード・ホール(食料品売り場)、キッチン雑貨や食器類、文房具売り場のある地下は必見。

グリーン・パーク駅〜レスター・スクエア駅

グリーン・パーク駅で降りて「フォートナム・アンド・メイソン」へ。紅茶で知られたこのデパートはコンパクトでとても素敵なので、地下から最上階まで必見だ。向かいには質の高い企画展をやっている「王立美術院(Royal Academy of Arts)」がある。その横にのびるのは、英国らしいきらびやかなバーリントン・アーケード。ピカデリー・サーカスを経由してグラスハウス・ストリート(Glasshouse St.)に進むとオーガニックスーパー「ホール・フーズ・マーケット」(12-20番地)が見つかる。次の角を右に曲がりブリューワー・ストリート(Brewer St.)を進みウォード・ストリート(Wardour St.)に左折すると、石窯ベーカリー「プリンチ(Princi)」(135番地)があり、おいしい朝食がいただける。レスター・スクエア駅からチャリング・クロス・ロード(Charing Cross Rd.)を南下すると、右手に「ナショナル・ポートレイト・ギャラリー」があり、館内の眺めのよいレストランでのアフタヌーンティーはおすすめ。隣には、トラファルガー広場に面して「ナショナル・ギャラリー」がある。

左：デパート、ジョン・ルイスの外観。中：グリーン・パーク。右：セント・ジョン・ホテルの内装。

Nordic Bakery

ノルディック・ベーカリー【ベーカリー／カフェ】

<ゴールデン・スクエア店> 14a Golden Square, W1F 9JG　MAP p.11❾-Ⅰ　「Piccadilly Circus」駅 Exit 1
TEL 020 3230 1077　月-金 8:00-20:00／土 9:00-19:00／日 10:00-19:00
<ニュー・キャヴェンディッシュ・ストリート店> 37b New Cavendish Street, W1G 8JR　MAP p.11❾-Ⅱ
「Bond Street」駅　TEL 020 7935 3590　月-金 8:00-18:00／土・日 9:00-18:00　www.nordicbakery.com

カウンターの左側のケースにはサンドウィッチ、ケーキスタンドには
焼き菓子、かごにはデニッシュ類が並んでいる。

ロンドンにある北欧の森。初めて訪れた時、ふとそう思った。深い海の色のような濃紺の壁紙は、太陽が燦々と照りつけていても、それを感じさせない静寂さを演出している。シンプルなインテリア、北欧製のカップやトレイ、BGMのない空間……どれもが雑踏の中の静かな森を演出するためにそこにあるように感じられる。

ノルディック・ベーカリーの「ノルディック」は「北欧」という意味。オーナーのヤリ・ワールステンさんはフィンランド人で、おっとりとしたもの静かなジェントルマンだ。共同経営者のミーサ・ミンクさんは、美しいレディでノルディック・ベーカリーのレシピブックの著者でもある。

パンの種類は決して多くないが、シナモンバンズ（シナモンロール）やバターバンズ、点々と空気穴があいた平たいライ麦パン、葉っぱ形をしたお米のパイなど、北欧の方々がプロデュースしたベーカリーらしい本場のパンが

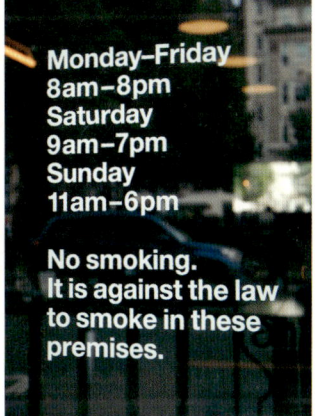

シナモンバンズはイートインでもテイクアウトでも同じ値段（上）。
残念ながらホワイトブレッドのサンドウィッチは今はない（左下）。

並ぶ。中でもシナモンバンズは、形は少々異なるけれど、味は本場に忠実だ。表面はカリカリと香ばしく、中心に向かうほどソフトな感じが増していく。かぶりつくと、うず巻きの間から、シナモンとカルダモンの香りが弾け、鼻にまとわりつく感じがたまらない。

ここのシナモンバンズとマグカップでいただくラテは、寄り道してでも味わいたくなる組み合わせだ。

大判焼きサイズのラウンドサンドウィッチもなかなかのお味で、きめの粗いライ麦パンを2枚合わせたり、1枚だけのオープンサンドウィッチにもしてくれる。フィリングはニシンの酢漬けやエビ、ピクルスなどを組み合わせた、やや甘みのある北欧の味。シナモンバンズ同様、舌とお腹を十分に満たしてくれる。現在、3店舗目を計画中だとか。もうひとつの小さな森の完成が楽しみだ。

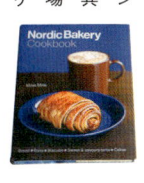

マーブル・アーチ駅から少し歩いたところにある2軒連なった白亜のお店。蛍光ピンクでCOCOMAYAと綴られたお揃いのファサードは、向かって右がチョコレートショップ、左がベーカリーになっている。

オーナーはジュエリーデザイナーのワリード・アル・ダミルジャさんと、老舗デパート「リバティー」でディレクターを務めるジョエル・バーンスタインさん。畑違いの2人が始めたチョコレートショップは、彼らがかわいいと感じたもの、美しいと感じたもので埋め尽くされたファンタジーワールドだ。

てんとう虫や蝶を象ったチョコレートは、ピンク、グリーン、水色、オレンジでしっかりと色づけしてあるし、四角いひと口サイズのチョコレートの表面にほどこされた意匠は斬新でインパクトがある。チョコレートボックスは、アウトラインと面に対照的な色を配し、ごくシンプル。でも、あでや

Cocomaya

ココマヤ 【チョコレートショップ／ベーカリー／カフェ】
<本店> 12 Connaught Street, W2 2AF　MAP p.11❿-Ⅰ　「Marble Arch」駅
TEL 020 7706 2883　月-金 7:00-19:00／土 8:00-19:00／
日 8:00-18:00 (ベーカリー)、月-土 10:00-19:00／日 11:00-18:00 (チョコレートショップ)
<ケンジントン店> 186 Pavilion Road, SW3 0BJ　MAP p.92❿-Ⅱ　「Sloane Square」駅
TEL 020 7730 8395　月-金 7:00-19:00／土・日 8:00-18:00　www.cocomaya.co.uk

チョコレートショップから始めた。ココア（カカオ）を発見したのが
マヤの人だという説からココマヤという店名に。

かな配色がココマヤっぽい。

ベーカリーは、お隣とは対照的で明るくナチュラルな雰囲気。チョコレートショップ同様、ロンドンで大人気のカフェスペースがあって、コーヒー専門店「モンマス・コーヒー」（24頁）のお茶がいただける。こんがりきつね色で統一されたデニッシュや焼き菓子はどれもおいしそうで、きっと目移りしてしまうだろう。ケーキのデコレーションに、すみれの花をちょこんとのせてしまう演出も心にくい。

私の定番はシナモンバンズ。北欧のシナモンバンズとは違うこのお店のオリジナルだ。全体にシナモンシュガーがまぶしてあって、表面のザラザラした感じは揚げパンに似ている。うずを巻いたデニッシュを指ではがすと、パリッとおいしそうな音をたてて裂ける。私はこのクリスピーな感じと挽きたてのように深いシナモンパウダーの香りに、病みつきになっている。

ひと口サイズのチョコレートは常時約30種が揃っており、一番小さい箱には8粒詰められる。

ダーク、ミルク、ホワイトを溶かして型に流し込んだだけのてんとう虫形の無垢チョコレート。

シナモンバンズがのったアンティークのお皿は、柄がいろいろあって不揃いなのがかわいい。

デニッシュや焼き菓子は15種ほどあって、一番人気は永遠の定番クロワッサン。

The Golden Hind

ザ・ゴールデン・ハインド【レストラン】
73 Marylebone Lane, W1U 2PN　MAP p.11 ⓫
「Bond Street」駅　TEL 020 7486 3644　ランチ 12:00-15:00／
ディナー 18:00-22:00　土曜のランチ、日曜休み

最もよく知られたイギリス料理といえばフィッシュ&チップスだろう。フィッシュは白身魚のフライのことだが、日本のようにパン粉をまぶして揚げたものではなく、ブワッと膨らんだ弾力のある衣をまとった肉厚なタイプのフライだ。チップスはというと、薄切り揚げたじゃがいもなのだが、いわゆるポテトフライのこと。どちらにもモルトヴィネガーをバシャバシャと豪快にかけ、塩で味を調えながら、熱々のうちにいただくのがイギリスの古典的な食べ方だ。

ロンドンでフィッシュ&チップスを食べに行くレストランは2軒あって、1軒は「今日は食べに行くぞ」と決心して出かけなければならないほど遠い。ふと食べたくなった時は、もう1軒のザ・ゴールデン・ハインドへ。中心地にあるのでアクセスも楽だし、ガヤガヤとした街の食堂風なところも気に入っている。

ザ・ゴールデン・ハインドの創業は1914年と古く、5代目のオーナーはギリシャ人のトニー・クリストーさん。揚げる白身魚は「コッド（Cod）」と「ハドック（Haddock）」が一般的で、共にタラの一種。コッドの方があっさりとしていて、ハドックの方がより魚らしい味や香りがするからか、通な人ほどハドックを好むという。毎朝港から届く新鮮な魚を、注文を受けてからクリーンなオイルで揚げる。作り置きはしないというのがここのポリシーだ。チップスも、国産のおいしいじゃがいもを厳選し、同様にカリッと揚げて熱々をサーヴする。最近、カロリーを気にするお客のために蒸し魚も始めたらしい。これは魚にオレガノをまぶし、オリーヴオイルをまわしかけて蒸したもの。でも、やっぱり私にとってフィッシュは、きつね色をしたフライタイプのフィッシュであってほしいのだ。

ランチにはコッドもハドックも大と小があるが、ディナーは大のみ。
大はかなり大きいので、ランチに行くのがおすすめだ。

店名は、イギリス人で初の世界一周に成功した
フランシス・ドレークが乗っていた「ゴールデン・ハインド号」からとった。

Bea's of Bloomsbury

ビーズ・オブ・ブルームスベリー【ケーキショップ／カフェ】
44 Theobald's Road, WC1X 8NW　MAP p.10 ⑫
「Holborn」駅　　TEL 020 7242 8330
月−金 8:00−19:00／土・日 12:00−19:00
www.beasofbloomsbury.com

ビーズ・オブ・ブルームスベリーは、2階建て、エプロン姿の女の子たちがきびきびと立ち働く姿が視界に入ってくるのだが、その様子が、また何とも微笑ましい。ここで生地を焼くところからデコレーションまでの全オペレーションが行われ、他店舗へと運ばれる。

春夏はストロベリージャムをサンドしたヴィクトリア・スポンジケーキやキーライムパイ、秋冬はピーカンパイやパンプキンチーズケーキといったふうに、シーズンによって異なるケーキも味わえる。ヴィクトリアン・スポンジケーキ以外はポピュラーなアメリカンケーキだ。その他、甘いお菓子がたっぷりいただけるアフターヌーンティーは、ホテルの半額以下とあって、とても人気がある。通う度に、宝物を見つけたなあと、うれしくなってしまうケーキショップだ。

ショップだ。車窓から目に留まった瞬間、絶対に行かなくてはと動物的な勘が働いた。その時食べたパンプキンパイはとびきりのおいしさで、最後のひとかけらまで大事に口に運んだのを今でもはっきりと覚えている。

ちょっぴり発音しにくい店名は、17〜18世紀からあるこの辺りのエリア名「ブルームスベリー」とアメリカ人オーナーのファーストネームである「ビー」からつけられたもの。ここの他、セント・ポール店、チェルシー店と3店舗を展開している。1号店の店内はダークトーンでまとめられ、ラブリー過ぎないところがいい。左手にガラスケースがあり、淡いピンクやホワイトのクリームをふんわり絞ったカップケーキやレイヤーケーキが並ぶ。一番奥がオープンキッチンになってい

スタンドにのったスイーツがいただけるアフターヌーンティータイムは、
平日14:30〜17:30、週末12:00〜17:30。

スイーツを引き立てているスタンドやお皿は「Undergrowth Design」のもの。
よく見るとケーキ台の脚がキューピーの頭部でできている。

Koya

こや【レストラン】

49 Frith Street, WID 4SG　MAP p.10 ⓭
「Tottenham Court Road」駅　TEL 020 7434 4463
ランチ 12:00–15:00／ディナー 17:30–22:30　www.koya.co.uk

ロンドンでも、ツルンとした喉ごしのおいしい讃岐うどんがいただける。パリの人気店「国虎屋」の味に惚れ込んだオーナーのジョン・デヴィットさんは、このうどんの味をロンドンでも提供したいと考え、国虎屋で働いたキャリアを持つ山崎純哉さんを探しあてる。そして山崎さんは友人の小田周子さんに声をかけ、国虎屋の監修のもと、うどん屋をプロデュース。メニュー、インテリア、ショップのロゴや制服など、店のすべてを納得いくまで話し合ったという。そんな3人の細やかなところにまで向けられたこだわりは、こやの太い柱となり、コンセプトをしっかりと形作っているようだ。

うどんのメニューは、温かいうどん、冷たいうどんと、温かいつゆと冷たいつゆ、それぞれに冷たい麺をつけていただくうどんの4タイプに分かれている。のせる具材はうどんの定番を押さえつつ、できるだけイギリスしい食材を活かすことにしたという。例えば、ほぐした鯖の燻製とベビーリーフをのせた「Saba」は、ポピュラーな英国食材である鯖の燻製の香りと旨みが澄んだ汁にとけ込み、何ともおいしいうどんに仕上がっている。肉だけでなく魚、卵、乳製品なども食べないヴィーガンに向けたメニューもあって、料理名の横に Ⓥ マークがつくことくるみ味噌」。サッと茹でた4種のきのことキャベツに、コクのあるくるみ味噌が添えられる。だしはもちろん昆布をベースにした野菜だしだ。

「Today's Special」と書かれた黒板メニューは常時5〜7品。無花果とかぶのサラダ、カレイとごぼうのフィッシュ＆チップスなど、食いしん坊の興味をそそる料理ばかり。とにかく行列のできる人気店なので、並ぶのを避けたいなら、ランチは12時開店と同時に、ディナーは5時30分から6時30分頃を狙おう。

サイドメニューを少しいただいてから、うどんで締めくくる。
どのうどんにもわかめや温泉卵などが追加でトッピングできる。

こやのテーマカラーは藍色。小田周子さんが身につけているエプロンは、
京都で染めてもらい彼女たちでデザインしたもの。

ロンドンで暮らすおいしいもの好きの友人に連れて行ってもらったのが最初。色見本のような鮮やかなグリーンに「da Polpo」と縫いとられた白いカフェカーテンがかけられた外観に、瞬時に心奪われた。「ロンドンで人気レストランをプロデュースしているポルポ・ファミリーの3店舗目、割と新しい店だよ」と友人がいい添える。

夜は予約ができないので、並ぶことを覚悟。さらに、英語が堪能な人と一緒でなければスマートに対応してもらえない場合もある。そんな苦労を重ねてでも行きたくなるのは、純粋に食べたいメニューばかりだから。どの料理からも、イタリアの家庭料理のエッセンスをギュッと凝縮させ、小皿に盛ったような手ごたえを感じる。おすすめは6種類もあるミートボール。薄くてチビのピッツァ「ピゼット (Pizzette)」もいい。次に行くのが、すでに待ち遠しいレストランだ。

Da Polpo

ダ・ポルポ【レストラン】
6 Maiden Lane, WC2E 7NA　MAP p.10 ⓮　「Covent Garden」駅
TEL 020 7836 8448　月–土 12:00–23:30／
日 12:00–22:30　※12:00–18:00のみ予約可能　dapolpo.co.uk

新鮮な魚介類をさっくりと揚げた「Fritto misto（フリット・ミスト）」。

写真提供／da Polpo

ポルポ・ファミリーが5店舗目となるレストランをオープン。
ロンドンにハイセンスのおいしいお店が増えるのはうれしいことだ。

ソーホーエリアの人気イタリアンレストラン「Bocca di Lupo」が向かいに出したというジェラート屋さん。ゲルーポは「Gelato（ジェラート）」と「Lupo（イタリア語でオオカミのこと）」を合わせた造語だそうで、レストラン同様、デフォルメされたオオカミがトレードマークだ。

ジェラートの他に、ソルベ（シャーベット）、グラニタがあり、スイーツやイタリア食材も販売している。材料と製法にこだわったジェラートは、ピスタチオやヘーゼルナッツなど、濃厚なフレーバーがメイン。ソルベはジェラートよりもあっさりしている。きめ細かなジェラートやソルベに比べ、グラニタはジャリジャリと氷の粒が残る個性的な氷菓。氷の粒がとけ、香りがパッと広がる感じがかき氷のようで、暑い夏にはピッタリだ。フレーバーは、ホームページでもチェックできる。

Gelupo

ゲルーポ【ジェラートショップ】
7 Archer Street, WID 7AU　MAP p.11⑮　「Piccadilly Circus」駅 Exit 4
TEL 020 7287 5555　日-木 12:00-23:00／
金・土 12:00-翌1:00／日 12:00-22:00　www.gelupo.com

3種のジェラート＆ソルベをサンドしてくれる揚げドーナツ

ごちゃごちゃと路地が入り組んだソーホーエリアにある。
夏には、このベンチに座ってグラニタを食べるのが楽しみ。

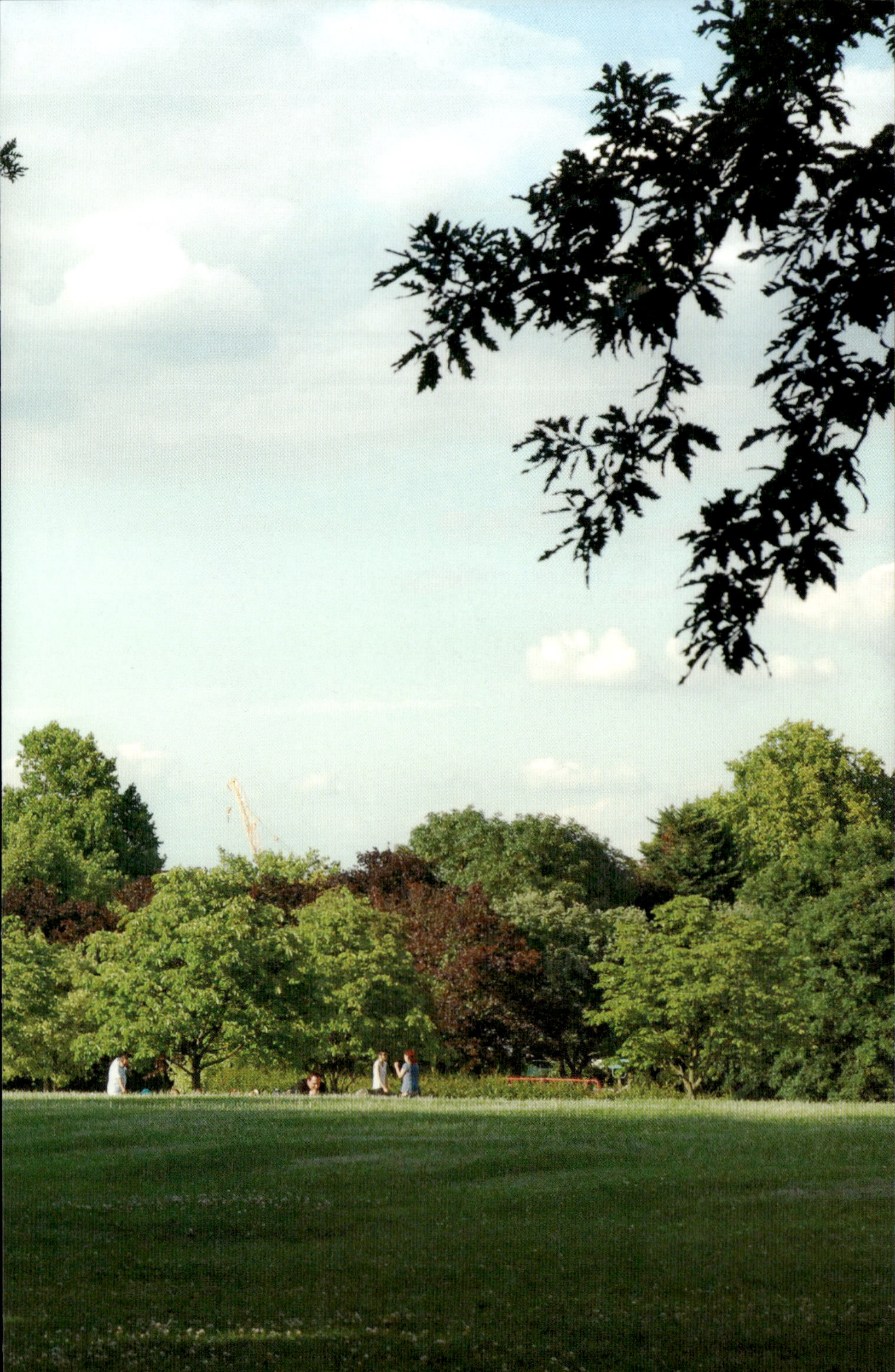

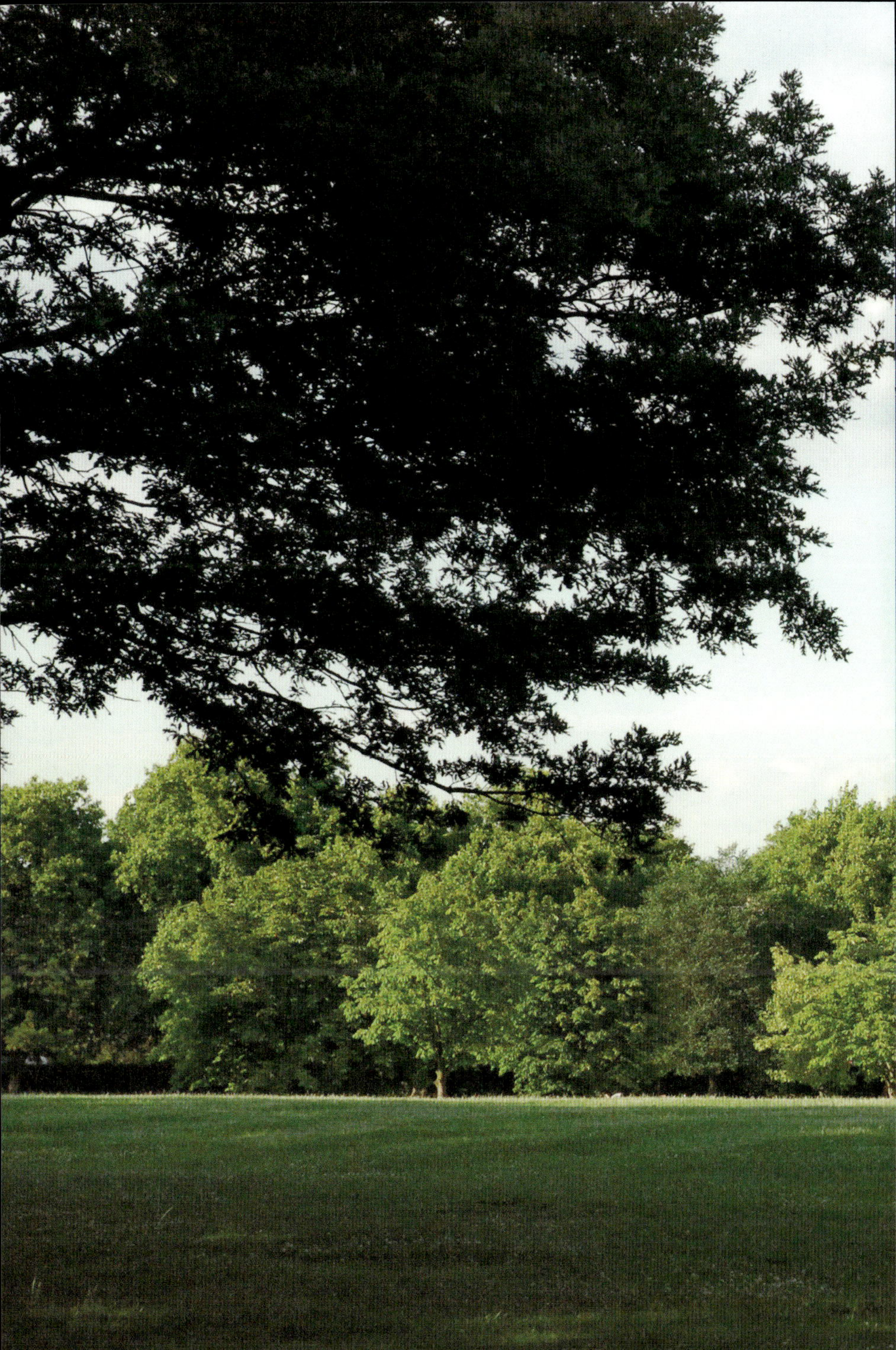

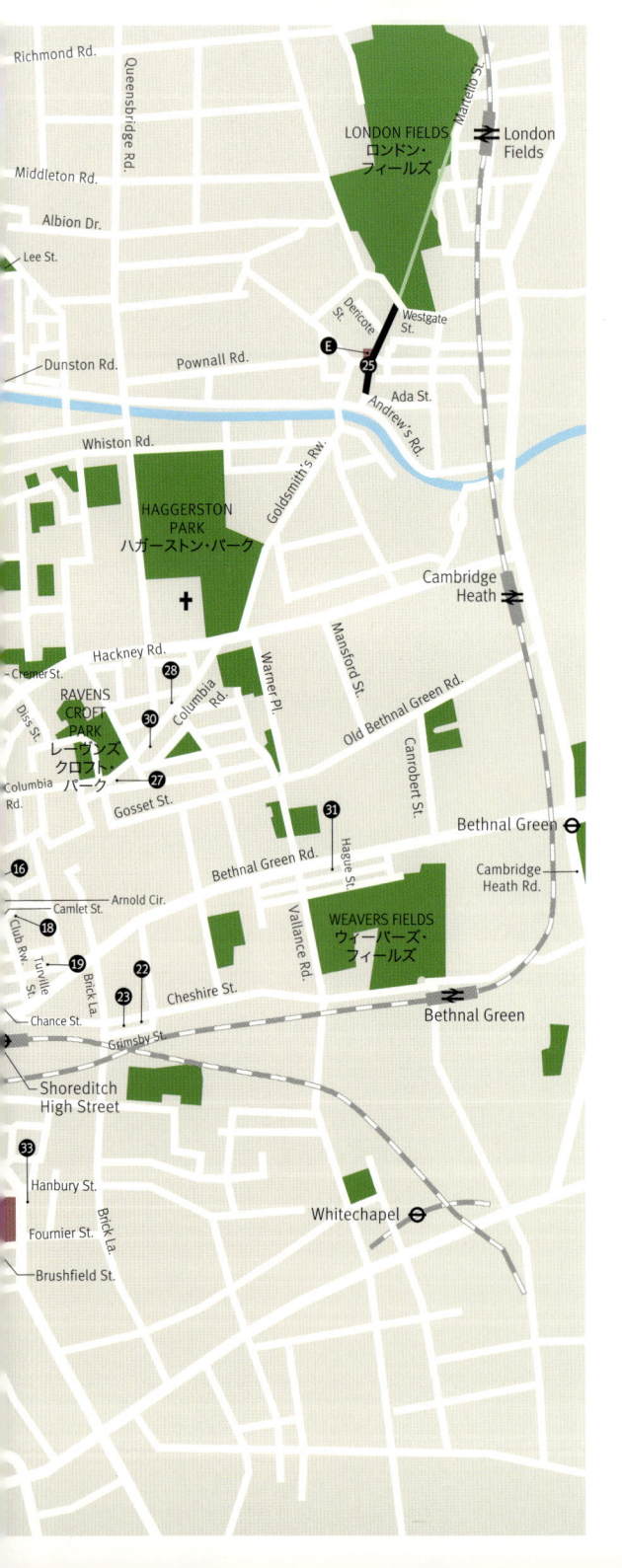

EAST AREA

東エリア

- ⑯ ― レイラズ・ショップ (p.46)
- ⑰ ― トウパス (p.50)
- ⑱ ― ロッシェル・キャンティーン (p.54)
- ⑲ ― レイバー・アンド・ウエイト (p.56)
- ⑳ ― ヴァイオレット (p.58)
- ㉑ ― エー・ゴールド (p.60)
- ㉒ ― ツールズ (p.62)
- ㉓ ― マー・マー・コー (p.64)
- ㉔ ― ジェフリー・ミュージアム (p.66)
- ㉕ ― ブロードウェイ・マーケット (p.68)
- ㉖ ― ヴェルデ・アンド・コー (p.70)
- ㉗ ― ヴィンテージ・ヘヴン・アンド・ケイクホール (p.72)
- ㉘ ― ラッシェイロ (p.76)
- ㉙ ― ユーフォリウム・ベーカリー (p.78)
- ㉚ ― ライアンタウン (p.80)
- ㉛ ― イー・ペリッチ (p.82)
- ㉜ ― セント・ジョン・バー・アンド・レストラン (p.84)
- ㉝ ― セント・ジョン・ブレッド・アンド・ワイン (p.86)
- ㉞ ― アンダーカレンツ (p.88)
- ㉟ ― ジャスパー・モリソン・ショップ (p.89)
- ㊸-Ⅱ オトレンギ (p.108)
- Ⓔ ― ロ・ア・ラ・ブッシュ (p.123)

B

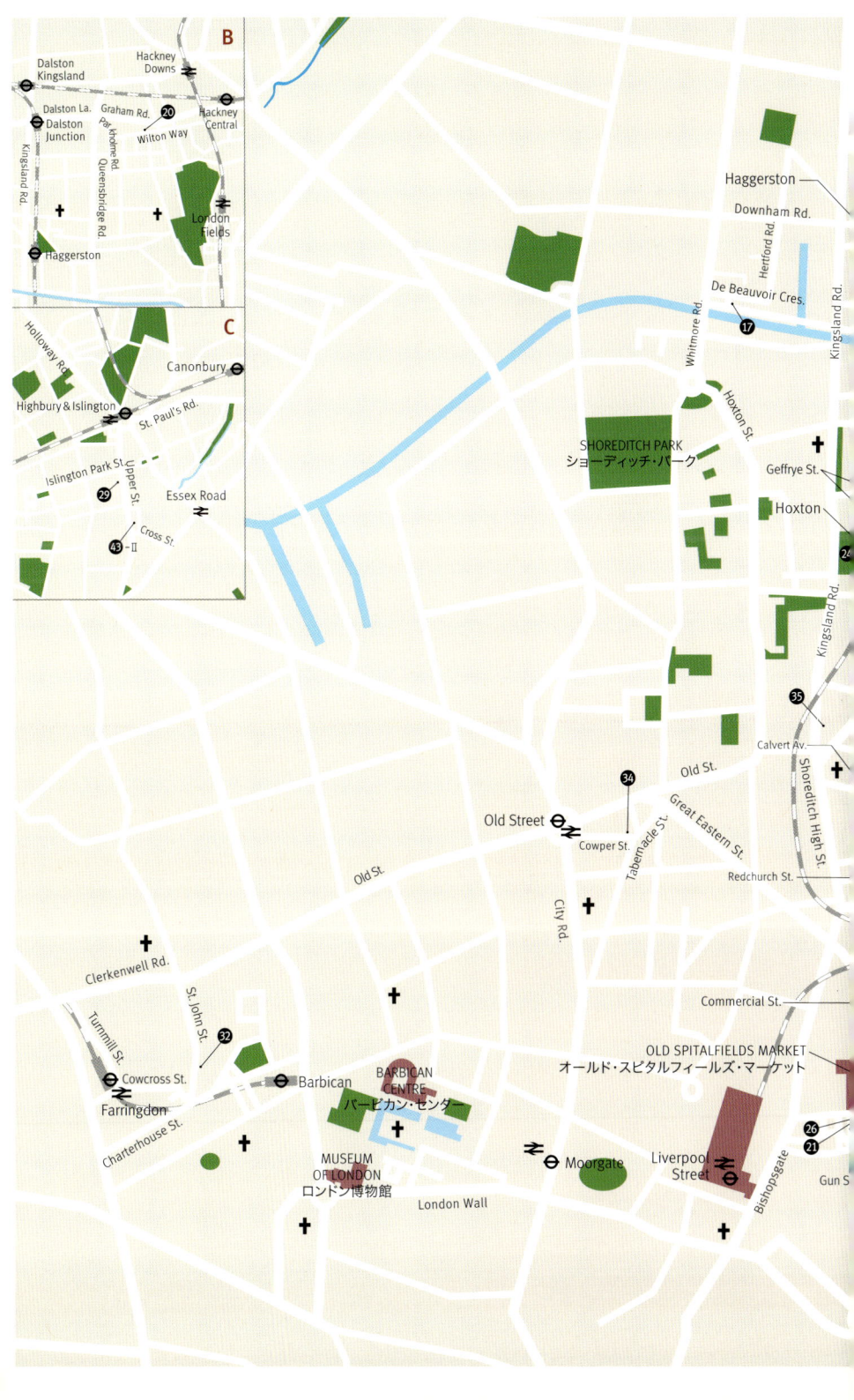

Dalston Kingsland
Hackney Downs
Dalston La.
Dalston Junction
Graham Rd.
Hackney Central
Wilton Way ⑳
Kingsland Rd.
Queensbridge Rd.
Richmond Rd.
London Fields
Haggerston

C

Holloway Rd.
Highbury & Islington
Canonbury
St. Paul's Rd.
Islington Park St.
Upper St.
㉙
Essex Road
㊸-Ⅱ
Cross St.

Haggerston
Downham Rd.
Hertford Rd.
De Beauvoir Cres.
⑰
Whitmore Rd.
Hoxton St.
Kingsland Rd.
SHOREDITCH PARK
ショーディッチ・パーク
Geffrye St.
Hoxton
㉔

㉟
Calvert Av.
Shoreditch High St.
Old St.
㉞
Old Street
Cowper St.
Tabernacle St.
Great Eastern St.
Redchurch St.
City Rd.
Commercial St.
Clerkenwell Rd.
St. John St.
㉜
OLD SPITALFIELDS MARKET
オールド・スピタルフィールズ・マーケット
Turnmill St.
Cowcross St.
Barbican
BARBICAN CENTRE
バービカン・センター
Farringdon
Charterhouse St.
MUSEUM OF LONDON
ロンドン博物館
Moorgate
Liverpool Street
Bishopsgate
㉖
㉑
Gun S
London Wall

Leila's Shop

レイラズ・ショップ【食料品店／カフェ】
15-17 Calvert Avenue, E2 7JP　MAP p.44 ⑯
「Shoreditch High Street」駅　TEL 020 7729 9789
水～土 10:00–18:00／日 10:00–17:00　月、火曜休み

野菜や果物が入ったカゴは、
昔の食料品店で使われていたもの。

「いちごは大きかったり、小さかったり、長かったり、短かったり、形や色が違う方が美しいと思うわ」とレイラ・マクアリスターさん。そして「6月下旬から7月上旬にしかいちごは売りません」と誇らしげにいい添える。時折、そんな彼女の強い言葉にハッとさせられる。スカイブルーのTシャツに、サラッと羽織ったマリンブルーのコットンジャケット、カフェオレのようなベージュ色のボックススカート、小さな花のピアス……お会いした時から、レイラさんの着こなしにもすっかり魅了されていた。17歳で単身ポーランドへ渡り、気がつけば22年もの月日が経っていたという。帰国後「みんなに、よいフードを提供したい」という切実な思いが原動力となり、2002年にレイラズ・ショップをオープン。今となっては笑い話のひとつだろうが、当時この辺りは、麻薬の注射針が散乱していたほど物騒なエリアだったとか。

向かって左側が食料品店。「買うだけでなく、見て、嗅いで、触って、五感で食を感じてほしい」というレイラさんの言葉通り、並べられた野菜や果物は、粒が揃っていなかったり、葉っぱがよれていたり、泥がついていても、「私たち、おいしいのよ」と囁いているよう。光と土からしっかり栄養を吸収したいい顔をしている。パンはセント・ジョン（86頁）やパリの名店ポワラーヌ、チーズはニールズヤード・デイリーや「MONS（モンス）」などからと、そのセレクトにもレイラさんのこだわりが感じられる。極めつきはポーランド時代にそのおいしさの虜になり、輸入会社「TOPOLSKI（トポースキ）」を設立してしまったのだから。スモーキーな香りと噛むほどに広がる肉の旨みは、一度いただくと病みつきになるだろう。

向かって右側がカフェ。

店内は野菜や果物で、店先は季節の花やハーブで彩られている。
左からイタリアンパセリ、ミント、西洋羽衣草、コーンフラワー(下)。

特製の目玉焼きは、バターとオリーヴオイルを合わせたもので揚げるように焼く。

さめて落ち着いた木のテーブルの上には、バターが入ったホウロウの容器とアイヴォリーの柄のついたバターナイフ、銀のシュガーボウルなどがのっている。オープンキッチンの奥の食器棚は、学校で使われていたものを譲り受けたとかで、お皿を立てかけてしまうタイプ。床には、リサイクルガラスの破片がちりばめてあって、よく見ると光っている。食器使いにも、レイラさんのセンスがよく表れていて、フランスのデュラレックスのお皿や鋳物のフライパンはアンティークで、カスタードクリーム色やミントグリーン、艶々のオレンジや赤などきれいな色を選び、木や透明のガラスと上手に組み合わせている。メニューは手書きの黒板のみ。お隣の食料品店で売られているものを実際に食べてもらいたいというところから考案されたプレートが中心だ。トースト＆ジャムや目玉焼きといった朝食っぽいものから、サンドウィッ

チ類、ポーランド風プレート、チーズプレートなどがあり、日がわりでサラダやホームメイドスープが加わる。おすすめは、「Eggs fried with sage（＝セージがのった目玉焼き）」。鋳物のフライパンでそのままサーヴされる目玉焼きは、縁のカリカリの部分にとけたバターオイルが絡まり、フレッシュソーセージと合わさって、何ともいえないおいしさでやって来る。トロッとした半熟の黄身ソースもごちそうだ。「Polish platter（＝ポーランド風盛り合わせ）」もここでしか味わえない貴重なひと皿と、チャーシューのようなコクのあるハム、スモーキーなドライソーセージ、甘いと酸っぱい、両方のピクルス、ピリッと辛い白とピンクのホースラディッシュ、粗めのライ麦パン、固ゆで卵がつく。これに先の目玉焼きとサラダをプラスしてシェアすれば完璧ににぎやかに配膳されたテーブルは旅の記憶に色濃く刻まれるだろう。

Towpath

トウパス【カフェ】

42 De Beauvoir Crescent, N1 5SB　MAP p.45 ⑰
「Haggerston」駅　火・水 8:00–17:00／木–日 9:00–日没
※朝食 –12:00　月曜、11–2月頃休み

その日のスイーツが並び、季節の果物や花が飾られた
このカウンターに並んでオーダーをする。

産業革命の時代、物資を運搬するためにロンドンの西と東を結ぶリージェンツ・キャナルという運河が造られた。現在は舗装された道路交通網ができ上がっているので、多くの船が行き来することはないが、散歩道としてロンドン市民に人気だ。この運河沿いにあるトウパスは、秘密にしておきたいくらい素敵なカフェ。半分がオープンエア、半分が屋根つきというスペースに、色や素材の異なるテーブルや椅子がレイアウトされ、不揃いの器やカトラリー、ふんわりと束ねられた花や一輪挿し、土がついたままの野菜や葉つきの果物が自由な感覚でしつらえてある。とりわけ天気のよい日は、運河とカフェの織りなす景色が際立って魅力的に感じられ、うっとりするほど幸せな時間が過ごせるところだ。
オーナーはロリ・デ・モーリさんとジェイソン・ロウさんご夫婦。ロリさんはフードライターでもあると聞いて、すんなり納得してしまった。なぜなら、

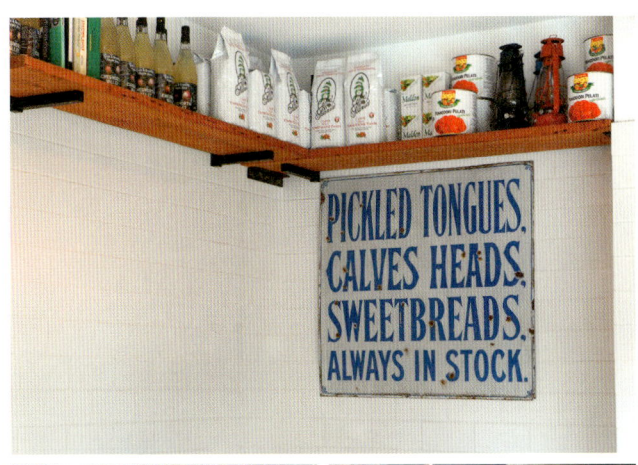

屋根つきのスペースの壁面をストック棚としてフル活用(上)。
運河を行き交うボートや水鳥が目を楽しませてくれる(右下)。

ここのメニューには、様々な食を経験した人でなければ表現できない豊かさと奥行きがある。だから、どれも食べたいなあという気持ちにストレートにスイッチが入るのだ。

ロリさんはアメリカ出身で、3年前まではイタリア・トスカーナ州の農家で暮らしていたという。そこを訪れたジェイソンさんと出会い、2人は結ばれる。ジェイソンさんは、前衛的な料理写真を撮るロンドンでも人気のフードフォトグラファーで、2人ですでに3冊の本を手掛けているとか。中でも2人のお気に入りはトスカーナに伝わる郷土料理をおさめた『Beaneaters and Bread Soup』。ラズベリーピンク色のエレガントな装丁の本だ。

トウパスは、「運河沿いの道」という意味。よく見える位置に掛けられた黒板のメニューは基本、毎日かわり、ロリさんとジェイソンさんのアイディアをもとにシェフのローラ・ジャク

上が定番の「グリルしたチーズのサンドウィッチ」。下は日がわりのひと皿。

その昔、ボートを引っ張る動物が歩いた運河沿いの小道は、ロンドン市民の散歩やジョギングのコースになっている。

ソンさんがメニューをデザインする。"designs the menu"というフレーズが、的確で素敵な表現だなあと思った。中でも「Grilled cheese sandwich（＝グリルしたチーズのサンドウィッチ）」と「Olive oil cake（＝オリーヴオイルのケーキ）」は例外的に定番になっている。前者はセント・ジョン（86頁）のパンにチェダーチーズとスプリングオニオンをはさみ込み、さらにチェダーチーズをのせて網目のようにとけて広がっていくまで焼いたサンドウィッチ。カリンのジャムがつくので、甘辛のコンビネーションも楽しめる。後者は友人の家庭に古くから伝わるレシピを参考にしたスイーツで、スポンジケーキのような軽やかな口当たりとシトラスが香る爽やかなケーキだ。

と同時に支払いをすませ、混んでない時は、帰り際にカウンターに払いに行く。朝食、ランチ、ティータイム、どの時間もおすすめなのだが、まずは天気のよい日をねらって朝食をトライしてみては。バターと季節のジャムを添えたトーストや、キャラメリゼされた自家製グラノーラと果物をトッピングしたヨーグルトなどの軽めのものから、しっかり食べられる卵料理やサンドウィッチまでひと通り揃っている。12時以降は黒板がかわり、閉店まで同じものがいただける。前菜やメインといったカテゴリーがないので、自由にチョイスできるのもいい。天気のよい週末は大層混むので、ウィークデイがおすすめだ。天気が悪かったり、暗くなると時間より早めに閉めてしまうこともあるとか。これも青空カフェの宿命かもしれない。

カウンターで注文し、飲みものとスイーツはその場で受けとってテーブルへ。料理は後で運んできてくれるというシステムだ。混んでいる時は、注文

Rochelle Canteen

ロッシェル・キャンティーン【カフェ／レストラン】
Rochelle School Arnold Circus, E2 7ES　MAP p.44 ⓲
「Shoreditch High Street」駅　TEL 020 7729 5677
朝食 9:00–12:00／ランチ 12:00–15:00／ティータイム 15:00–16:30
土、日曜休み　www.arnoldandhenderson.com

カリフラワーのスープ（右上）、キウイのアイスクリーム（右下）、
セント・ジョンのパン（左上）、ポーチド・チキン（左下）。

「食堂」という意味の「キャンティーン」という言葉の響きがとても好きだ。弾むように軽やかな響きがいい。ロッシェル・キャンティーンは、この言葉のイメージにぴったり。パリにだって、ベルリンにだって、東京にだって、こんな素敵なレストランはないんじゃないかと思う。ちょっと見つけにくいところも、隠れ家っぽくて気に入っている。まず地図を片手に、「Arnold Circus（アーノルド・サーカス）」という広場までたどり着く。それから、広場をくるりとまわり、「ROCHELLE STREET SCHOOL 1899」と書かれたレンガ造りの建物を見つけよう。すぐ近くのドアが入り口になっているから、「Rochelle Canteen」というボタンを押して中に入る。グリーンの芝生の先にぽつんとあるガラス張りの小さな建物がそう。白く塗りつぶされたレンガの壁に、濃淡の麦わら帽子がランダムにかけられ、テーブルと椅子が並んだ光景を初めて目にした

フィンランドのアルテック社のテーブルと、イギリスのアーコール社の椅子。
この空間のためにデザインされた家具のように決まっている。

オーナーはマルゴ・ヘンダーソンさんとメラニー・アーノルドさん。2人は「Arnold & Henderson」というケータリングカンパニーを営み、著名人のパーティーなどに引っぱりだこの様子。マルゴさんはスタッフと共に日々のキッチンを切り盛りし、ケータリングのメニュー作りもやっている。一方、メラニーさんはケータリングのオルガナイズなどのオフィス業務を担当。日々かわるメニューはホームページでもチェックできる。旬の食材を生かしながら考えられた料理やデザートは、きちんと記憶して、家でも作ってみたくなる味。家庭的な温かさとクリエイティヴさがいい塩梅で混ざり合う。マルゴさんに人気メニューを尋ねると「アイオリソースを添えたローストチキンと、デザートならアイスクリームかしら」という答えがさらりと返ってきた。おいしいものを作る人はいくつになってもキラキラして素敵だ。

時は、ハッと息を呑んだ。

55

レイバー・アンド・ウエイトという名前を、どこかで耳にしたことがあるかもしれない。それもそのはず、ここは日本に14軒のコーナーショップを持つ、雑貨界では案外知られたお店なのだ。ロンドン東部に本店があり、サイモン・ワトキンスさんとレイチェル・ワイス＝モランさんという素敵な方々が営んでいる。

ファッションデザイナーだった2人は、価値観や理想がピタリと合い、2000年にブリック・レーン近くのチェシャー通りに週末だけの小さなショップを開いた。そして、10年に今の通りにお引っ越し。新しい店舗は、艶々のグリーンのタイルを貼り合わせた壁が目印だ。レジカウンターの奥の壁面には、様々な道具が標本のように掛けられ、日用品店風。店内も、キッチン雑貨、生活雑貨、道具、文房具、ボディーケア用品など、様々なジャンルのものが"タイムレス"というキーワードで集められている。

Labour and Wait

レイバー・アンド・ウエイト【雑貨店】
85 Redchurch Street, E2 7DJ　MAP p.44 ⑲
「Shoreditch High Street」駅　TEL 020 7729 6253
11:00-18:00　月曜休み　www.labourandwait.co.uk

店名はアメリカの詩人、ロングフェローの代表作『人生讃歌』の一節
"Learn to labor and to wait（＝働き、結果を待つことを学ぶのだ）"から。

タイムレスとは、時代を感じさせないもの。つまり、いつの時代にも必要とされ、どんな空間、人、ものともしっくりなじむもの。そんなものほど歴史があって、先人の知恵を凝集して生み出され、完璧な機能と形を保っているのだ。

商品のセレクトはサイモンさんとレイチェルさんによる。時々お客が耳寄りの情報をくれることもある。商品の中に柳宗理のヤカンや月兎印のホウロウなど、メイド・イン・ジャパンのものもあって、日本人として、少し誇らしい気持ちになった。レイチェルさんに、これからのことを尋ねてみる。「ティーショップやブックショップもやってみたいし、日本に路面店を出すのも夢よ」という答えがにこやかな笑顔と共に返ってきた。漠然とではあるが、その夢が10年後にはかなっていそうな気がする。

日本では売っていないもの、その1。TIN HOUSEの服。シンプル＆かわいい英国製のワークウエア。

レジカウンター奥の壁のディスプレイは、ショウウインドウ感覚で時々かえているそう。

こぼれるような笑顔が愛らしいレイチェルさん。サイモンさんも長身の素敵なジェントルマンだ。

日本では売っていないもの、その2。ウェールズ地方のブランケット。同じ生地を使ったがま口もある。

Violet

ヴァイオレット【ケーキショップ／カフェ】
47 Wilton Way, E8 3ED　MAP p.45 ⑳「Dalston Junction」駅
TEL 020 7275 8360　火-金 8:00-18:00／土 9:30-18:00／
日 9:30-17:00　月曜休み　www.violetcakes.com

小さいカップケーキは1個90ペンス、大きいカップケーキは1個2.20～2.80ポンド。
イートインもテイクアウトも値段は同じ。

ロンドンのあちこちで目にするようになったパステルカラーのカップケーキは、バターリッチのスポンジ生地に、バタークリームでコーティングするのが基本だ。クリームの色やトッピングで、デコレーションの幅が広がるからか、ハミングバード・ベーカリーやプリムローズ・ベーカリーなどの専門店も人気。今やロンドンスイーツの定番になっている。

その中でも、いいなあと思うのが、ヴァイオレット。「すみれ」って、日本語にしてもかわいい響き。オーナーはアメリカ人のクレア・パタックさん。カリフォルニアにある有名レストラン、「シェ・パニス」で、私が憧れるアリス・ウォータース女史と働いていたという輝かしいキャリアを持つ。ブロードウェイ・マーケット（68頁）での販売からスタートし、店舗を構えたのは2010年のこと。今でも週末にはブロードウェイ・マーケットに出店しているため、金曜になると、小さいキッチ

レイラズ・ショップ (46頁) から仕入れている旬の果物も販売 (上)。
初夏のマフィンが並んだトレイ (左下)。店内 (右下)。

ンはまるで工場のようにケーキであふれるという。その傍らで、クレアさんはフードスタイリストとしても活躍している。
　カップケーキは、ヴァニラやチョコレート、ソルティー・キャラメルなどの定番の他に、春はエルダーフラワーやイングリッシュ・ルバーブ、夏はチェリーやストロベリー、秋は無花果や葡萄、冬はレモンやオレンジといったシトラス系など、アイスクリームみたいに季節のフレーバーも楽しめる。かすれたアルミのトレイに大小のカップケーキが並ぶ様子は、見ているだけで夢心地だ。粉、砂糖、卵、ミルクなど、ほとんどの材料にオーガニック素材を使っているので、安心していただけるのもうれしい。私はいつも、カップケーキの小と何かをいただく。これがなかなか決まらない。カットケーキやマフィン……どれもすごくおいしそうだから。

A. Gold

エー・ゴールド【食料品店／デリカテッセン】
42 Brushfield Street, E1 6AG　MAP p.45 ㉑
「Liverpool Street」駅　TEL 020 7247 2487
月-金 10:00-16:00／土・日 11:00-17:00　www.agoldshop.com

サンドウィッチはテイクアウトのみ（販売は11:00〜15:00）。
デザートに焼き菓子と淹れたてのコーヒーもいただきたい。

ロンドンに数あるフード・セレクトショップの中でも、イギリスの伝統食をイギリス製にこだわってセレクトしているのがここエー・ゴールドだ。イギリス人オーナーのフィリップ・カンダルさんは「うちにはオリーヴオイルは置きません」と胸を張る。

ところで、イギリスらしい食べものって何があるだろう。ドライタイプのお菓子ならショートブレッドやフラップジャック、キャンディならファッジやトフィー、ジャムならレモンカードやママレード、パンなら食パン、あとはイギリス人伯爵が考案したというサンドウィッチやプレーンな紅茶……といったところだろうか。つまり、こんな感じのものがエー・ゴールドの品揃えと考えていい。訪れるうちに、イングリッシュフードも自然と学べる。お店に入ると、まず目に飛び込んでくるのが、「UNCLE JOE'S」のキャンディーポット。時々、このキャンディーが

レジに立つインテリな雰囲気のフィリップさん（上）。
山吹色の缶はイギリスではここでしか売ってないという紅茶（下）。

類を買っていく英国紳士をお見かけする。我慢できないのか、すぐにストライプの紙袋からキャンディーをつかんで口にほうり込み、甘いかたまりをコロコロさせ、子供みたいに目を細める。そんな姿を見ながらフィリップさんは「イングリッシュフードを通して、懐かしさを感じてもらいたい」とおっしゃる。だからこそ、スーパーマーケットには流通していないもの、細々と作り続けている小規模のファームや生産者の製品を努めて探しているのだという。

コーヒーを淹れたり、オーダーメイドでサンドウィッチを作るのは相方、ブラジル出身のパウロ・ガルシアさんだ。パウロさんは、おいしいものを作ってくれそうないい手をしている。2000年からあった同じスタイルのお店を受け継いだのが2010年。まだ日は浅いが、食を通してイギリスを発信していくというスタイルは、日々輝きを増している。

Tools

ツールズ【アンティークショップ】
32 Cheshire Street, E2 6EH　MAP p.44 ㉒
「Shoreditch High Street」駅　TEL 079 5218 4711
11:30 − 18:00　月−水曜休み　toolslondon.wordpress.com

週の半分だけオープンしている小さな店のオーナーは、パリで生まれ、フランス北西部のブルターニュ地方で育ったメロディ・バスティッドさん、生粋のフランス人だ。自国でデザイン、ファッション、テキスタイルなどあらゆる分野のアートを学び、その後、赤ちゃんと子供服のブランドで、生地選びからカタログのアートディレクションにまで携わる。職業柄、生地や端切れ、糸や毛糸、レースやひも、ボタンなど、彼女の言葉を借りれば「マテリアル」が大好きで、10年以上にわたり、ブルターニュ地方、北フランス、ベルギーの蚤の市やアンティークマーケットをまわってせっせと集めてきた。そしてこれらを上手に組み合わせ、レイアウトしたものを「インスタレーション」として提案しながら、販売していくというコンセプトの店、ツールズを20 10年にオープン。ツールは英語で「道具」という意味だが、彼女にとっても、ここにあるすべてのものが、お客にとっても表現のための道具なのだ。私はいつも店内を隅々まで丁寧に見てまわる。

赤白の薄紙にフワッと包まれた生成りの下着は、タグの刺繍糸の赤と薄紙の赤がさりげなく色合わせされていたり、重ねられた封筒の束とボタンは、封筒の中の模様とボタンの模様がお揃いだったり、といったふうに、メロディさんのインスタレーションをひとつひとつ分析したくなる。

これからは子供たちとのワークショップを考えているそう。カード作りの他に、子供たちにオブジェを与えて、自由にインスタレーションを楽しんでもらうというユニークなアイディアもお持ちだ。子供の手から、どんな世界が広がっていくのか、メロディさんも興味津々だとか。このお店が、子供たちの笑顔と作品でいっぱいになる日はそう遠くないと思う。

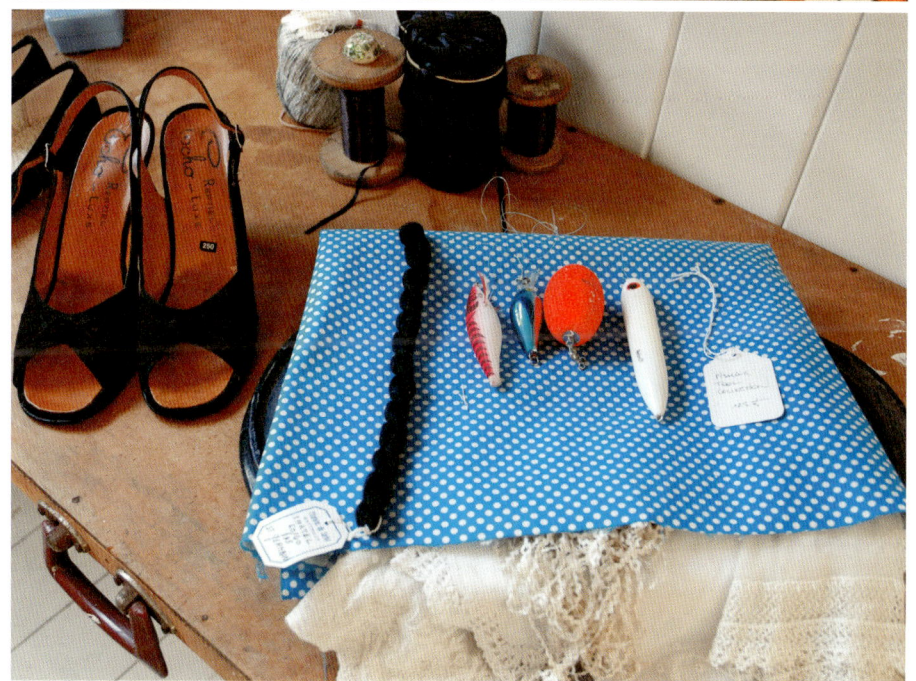

メロディさんのディスプレイのルールは、まず色がきれいなものを中心に置き、
周りに合いそうな色や形、素材のものを置いていくこと。

Mar Mar Co.

マー・マー・コー【雑貨店】

16 Cheshire Street, E2 6EH　MAP p.44 ㉓「Shoreditch High Street」駅
TEL 020 7729 1494　木・金 11:30-17:30／土 12:00-17:30／
日 11:00-17:00　月-水曜休み　www.marmarco.com

デンマーク製のブランケット。6色揃っている（左上）。
ティータオルはセットの2色がデザインの一部なので、ばら売りは不可（左下）。

マー・マー・コーやツールズ（62頁）が並ぶチェッシャー通りには、個性のある素敵なお店が多い。日曜となると若者でひしめき合うブリック・レーンから、この通りに足を踏み入れると、少し大人びた空気が流れているように思う。

不思議な響きの店名 Mar Mar Co. は、ロンドン生まれのマーク(Mark)・ベッドフォードさんとデンマーク生まれのマリアンヌ(Marianne)・ラムホルトさんの名前の頭文字「Mar」をとって、2人が始めたカンパニー(Co.)という意味でつけられた。2人はグラフィックデザイナーで、テート・ギャラリーなどに作品を卸していたという。お店の地下がアトリエになっており、お店が開いていない日でも地下で仕事をなさっている。もともと、ロンドン北部のカムデンにアトリエを構えていたが、このエリアの虜になり、越してきたそう。

店内には、英国製のブラウンのティー

猫のハンガーはパリ生まれのイラストレーター、ナタリー・レテのデザイン。
少しひょうきんなアニマルポスターはスウェーデン製。

ポットもあれば、ポルトガル製のメラミンのシュガーポットもある。ここは色と形がきれいでデザインに遊び心があるもの、さらに機能性にも富んだ便利グッズの宝庫だ。マリアンヌさんが北欧生まれということもあって、デンマーク製のブランケット、スウェーデン製のネスティング・ドール（マトリョーシカみたいなオブジェ）、フィンランド製のバスミトンなど、小規模で作っている北欧のクリエイターやメーカーのものを努めてとり扱っている。
パリ生まれの人気クリエイター、ナタリー・レテの作品も定番のようだ。残念ながら2人の作品は制作中で、店頭には並んでいないらしい。これだけ素敵なものを集める審美眼をお持ちなのだから、お店のファンとしては、2人の作品が並ぶ日を心待ちにしている。

Geffrye Museum

ジェフリー・ミュージアム【博物館】

Kingsland Road, E2 8EA　MAP p.45 ❷Ⓐ　「Hoxton」駅
TEL 020 7739 9893　火-土 10:00-17:00／日、祝日の月曜 12:00-17:00
※カフェ-16:45　月曜（祝日の場合は開館）休み　www.geffrye-museum.org.uk

18世紀にロバート・ジェフリー卿が救貧院として建てた館を博物館として使用。
建物の中央には彼の銅像が建てられている。

緑の木々に囲まれたシックなレンガ造りのジェフリー・ミュージアム。ここは1600年頃から現在までの約400年の生活様式が展示された「暮らしのミュージアム」だ。館の左側のエントランスから入り、一直線に続く細い廊下を歩きながら、再現されたリヴィングルームや客間を時代順に鑑賞できる。再現ルームはロンドンのミドルクラス（中産階級）の邸宅。中産階級とは、実業家、経営者、医者、弁護士などのハイクラスな暮らしをしていた層の人々をさす。年月を経てアメ色になった木の壁が素敵な1630年代と、グレー地に白い小花がちりばめられた壁紙に暖色の花柄のカーペットを合わせた1790年代のリヴィングルームが特に好きで、その前に来ると、しばらくは眺めている。廊下の中央辺りにあるチャペルを再現した一画は、その美しさに心動かされるし、裏手にあるガーデン・リーディング・ルームは、庭を眺めながら建築、イ

20世紀の中でも、ミッドセンチュリーと呼ばれる55〜65年頃（上）。
1630年代の部屋は、リヴィング、ダイニング、客間を兼ねていた（下）。

ンテリア、ガーデニングなどの本を自由に読むことができるとっておきのスペースだ。展示は1890年で一度終わり、カフェやミュージアムショップをはさんで20世紀の展示が続く。20世紀は4つの年代に分けて展示しているのだが、最も近い90年代のロフトスタイルのアパートメントのしつらいが、一番素敵じゃないのがいつ見ても残念に思う。ここまでが無料で鑑賞できる常設展で、20世紀の展示スペースの階下が企画展の展示室、こちらは有料だ。そして、もうひとつ。スケジュールが合わずに、まだ鑑賞できていないのだが、救貧院として使われていた部屋を一部公開している日がある（公開日はサイトでチェックできる）。最低限のものしか置かれていない慎ましやかなしつらいに心ゆさぶられる。ここは小さくても満ち足りたひと時が味わえるミュージアムだ。

Broadway Market

ブロードウェイ・マーケット【市場】
Broadway Market, E8 4PH　MAP p.44 ㉕
「London Fields」駅　9:00−17:00　※土曜のみオープン
www.broadwaymarket.co.uk

マーケットが立つ通りの名前がブロードウェイ・マーケットという。
通りの真ん中に、スタンドが2列になって続いている。

パリで暮らしていた私としては、とてもくやしいことだけれど、ロンドンのマーケットの方がパリのマルシェよりも楽しいと認めざるをえない気がしている。パリのマルシェは、肉や魚、野菜や果物、パンやチーズなどの食料品がメインで、暮らしぶりを観察できるという点では楽しくても、旅行者には買うものが限られている。でも、ロンドンのマーケットはちょっと違う。旅行者でもその場で食べたり買ったりできる類のスタンドが多くて、縁日のような雰囲気だ。だから、暮らしている人と同じレベルで楽しめる。

おいしいもの、かわいいものが大好きな人におすすめなのが、毎週土曜、ロンドン東部のロンドン・フィールズ近くに立つブロードウェイ・マーケットだ。マーケットが立つ通りの両側にも、かわいいお店がぽつぽつある。私はいつも運河沿いを歩いて行くので、駅とは逆の方からマーケットにアクセスする形になる。スタンドに敷いてあるシート

野菜、果物、肉、パン、チーズといった基本的な食料品から、
世界各国のお惣菜、スイーツ、おいしいコーヒーまで何でも揃う。

とテントの柄を合わせていたり、看板や値札の文字が手書き風でかわいかったり、それぞれのスタンドが個性的で、気持ちいいくらいに決まっている。野菜、果物、パンはオーガニックが中心で、肉やチーズも少々値は張るが上質のものが揃うと評判だ。

テイクアウトフードやお惣菜は、イギリス、ノルウェー、ユダヤ、アラブ、メキシコ、インド、ヴェトナムとインターナショナル。匂いや音に誘われ、行列のすき間からのぞいたり、つま先立してみたりして、何を食べようかかなり真剣に考える。途中途中に、クリエイターの作品を売るスタンド、アンティーク雑貨や古着を売るスタンドも並んでいる。観光地を巡るよりもずっとワクワクするのが、ロンドンのマーケットではないだろうか。

Verde & Co.

ヴェルデ・アンド・コー【食料品店／デリカテッセン】
40 Brushfield Street, E1 6AG　MAP p.45 ㉖
「Liverpool Street」駅　TEL 020 7247 1924　9:00-18:00
www.verde-and-company-ltd.co.uk

店内と外にちょっとしたイートインスペースがある。
サンドウィッチなどの惣菜類が買えるのは11:00〜15:00。

200年の歴史を刻み込んだ建物に、ヴィリジアングリーンのテントが鮮やかに映える。ヴェルデ・アンド・コーのヴェルデは、ここで50年間、野菜や果物の輸入業をしていた人の名前。黒くクッキリと記されたそのフォントは建物のデザインの一部になっているから、誰もがこの名前と外観を大切にしたいと思うだろう。

オーナーのハーヴェイ・カバニスさんは、約20年もの間トップシェフとして走り続けてきたキャリアを捨て、転身。新しいスタイルのヴェルデ・アンド・コーをスタートさせた。店内にハーヴェイさんの選ぶベスト中のベストな食品をとり揃え、その傍らで、厳選した素材だけを使った極上のサンドウィッチやサラダなどの販売を行っている。このワンランク上のフードサーヴィスは、おいしいものにしか目がないこのエリアのビジネスマンたちのニーズにピタリと合い、人気を呼んでいるようだ。

EAST AREA

東エリアの歩き方

2つのマーケットが開かれる木曜と土曜にまわるルートをご紹介。

おすすめルート1　木曜編

リヴァプール・ストリート駅で降りてオールド・スピタルフィールズ・マーケットへ。ここでは木曜の朝から昼過ぎまでアンティークマーケットが開かれる（8～9時に行くのがおすすめ）。ブラッシュフィールド・ストリート（Brushfield St.）にある「ザ・イングリッシュ・レストラン（The English Restaurant）」（50-52番地）はクラシックでいい雰囲気のカフェ。コマーシャル・ストリート（Commercial St.）、ブリック・レーン（Brick Lane）を経由してチェシャー・ストリート（Cheshire St.）へ。この通りはかわいい洋服屋や雑貨屋、ギャラリーが点在している。ブリック・レーンに戻って通りを北上すると「ベーグル・ベイク（Beigel Bake）」（159番地）がある。ここは安くておいしいベーグルサンドウィッチ屋として有名で、スモークサーモンとクリームチーズのベーグルがおすすめ。さらに進んだレッドチャーチ・ストリート（Redchurch St.）にも楽しいお店が並ぶ。途中、コーヒーがおいしい「オールプレス・エスプレッソ（Allpress Espresso）」（58番地）でひと休みを。

おすすめルート2　土曜編

ロンドン・フィールズ駅で下車してブロードウェイ・マーケット（Broadway Market）へ。土曜の9時から、通りと同じ名前のマーケット（68頁）が開かれる。この通りには素敵なお店もいっぱい。イタリアンレストラン「ベッラ・ヴィータ（Bella Vita）」（53-55番）はグルメな友人の行きつけ。生地屋「アワ・パターンド・ハンド（Our Patterned Hand）」（49番地）、デリカテッセン＆カフェ「ロ・ア・ラ・ブッシュ（L'eau à la Bouche）」、そして「ブロードウェイ・ブックショップ（Broadway Bookshop）」（6番地）は必ず立ち寄る。ここは小さい書店だが、本好きのオーナーがこだわってセレクトしている。さらにコロンビア・ロード（Columbia Rd.）まで足をのばそう。本文で紹介した店をはじめ、雑貨店がとても充実している。この通りからハックニー・ロード（Hackney Rd.）に入ると、「ロング・ホワイト・クラウド（Long White Cloud）」（151番地）がある。ここはサラダメニューも充実し、ヴィンテージ・ヘヴン＆ケイクホール（72頁）のマーガレットさんいち押しのカフェだ。

左：オールド・スピタルフィールズのマーケット。中：コロンビア・ロードの壁画。右：コロンビア・ロードのカフェ。

Vintage Heaven & Cakehole

ヴィンテージ・ヘヴン・アンド・ケイクホール【アンティークショップ／カフェ】
82 Columbia Road, E2 7QB　MAP p.44 ㉗　「Hoxton」駅
TEL 012 7721 5968　金 電話予約のみ／土 12:00-18:00／日 8:30-17:30
※ケイクホール 日 -17:00　vintageheaven.co.uk

水色や淡いグリーンの食器だけを集めたコーナー。
ここに置かれたものは、ほとんどが1950〜60年代のヴィンテージ。

毎週日曜に開かれるコロンビア通りのフラワーマーケットは、日本でも随分と知られるようになった。この通りには、雑貨店やカフェ、レストランなど素敵なお店ばかりが集まっているのに、そのほとんどがフラワーマーケットに合わせての週末営業だ。中でも、決して素通りできないのがヴィンテージ・ヘヴン＆ケイクホール。淡いローズピンクのファサードとガラス越しに飾られた色とりどりのアンティークが目印だ。

オーナーのマーガレット・ウイリスさんは、ガーデンデザインやオーガニック農法を教える仕事に就いていた。職業柄、日光に長く当たることが多かったため白内障を患ってしまう。病気をきっかけに仕事を辞め、35年間趣味でコツコツと集めてきたアンティークを売るショップを開く決心をした。第2の人生のスタートである。

ここコロンビア通りは、よく生徒を連れて来ていた思い出の場所だったか

お会いすると強くハグをしてくださるマーガレットさん（左下）。
壁紙なんかも置いてある。写真は1950〜60年代のもの（右下）。

ら、マーガレットさんは「この通りでお店が開けますように」と願ってみた。すると数ヶ月後に、この物件が舞い込んできたのだという。その話をうかがって、すっかり驚いた顔の私に、マーガレットさんは「よい心で願えば、宇宙は欲しいものではなく、あなたに必要なものを与えてくれますよ」と諭すようにおっしゃった。彼女の口から発せられた言葉が、私の心にゆっくりとしみ込んでいく。

ヴィンテージ・ヘヴンでは、陶器、磁器、ガラス、カトラリーなどテーブルまわりのものや、テーブルクロス、キッチンクロス、ナプキン、カーテンなどの布もの、絵画、書籍、家具まで扱っている。98％がイギリス製で、1950〜70年代のものが中心だ。イギリスでは、約100年以内のアンティークをヴィンテージと呼ぶらしい。店内はたくさんのものであふれているの

クリームティーに合うおすすめの紅茶は、アールグレイ。

ケーキの他にサンドウィッチやスープなどの軽食もある。

奥はケイクホールというカフェスペースになっていて、娘のルイーズさんが切り盛りしている。スイーツの半分は彼女のお手製で、もう半分を人気店のプリムローズベーカリーから仕入れているとか。ジャムをサンドした定番のヴィクトリア・サンドウィッチケーキやコーヒーとウォルナッツのケーキ、プラムを焼き込んだ素朴なタイプのケーキなどがルイーズさんのお手製で、木のカウンターにおいしそうに並んでいる。でも、ここでいただくなら、クリームティーがおすすめだ。マーガレットさんに「うちのクリームティーは食べないと損よ」とすすめられて私もファンになった。大ぶりのスコーンにジャムとコーンウォール産のクロテッドクリームがついてくる。スコーンは近くのおいしいユダヤのパン屋さんで焼いてもらっているらしく、アイリッシュソーダブレッドに近いパッサリとした口当たりだ。手でひと口サイズに割って、濃いクロテッドクリームとストロベリージャムをしっかりのせ、口に運ぶ。この上ないコンビネーションに舌鼓。ジャムはラズベリーもあるが、ストロベリーがいい。フルッとゆるく固まったジャムがゼリーみたいですごくいけるのだ。

日曜はマーケットがあるので、とにかく混み合う。ショップの方はのぞけても、カフェでお茶をするのは難しいかもしれない。逆に土曜はゆっくりとできるから、コロンビア通りの散策も兼ねて、土曜の午後に出かけてみては。

Laxeiro

ラッシェイロ【レストラン】

93 Columbia Road, E2 7RG　　MAP p.44 ㉘　「Hoxton」駅
TEL 020 7729 1147　火–土 ランチ12:00–15:00、ディナー19:00–23:00／
日 朝食9:00–12:30、ランチ12:30–16:30　月曜休み　laxeiro.co.uk

同郷人である画家、ラッシェイロ（1908–1996）が
1984年にこの建物で展覧会を開いたことに縁を感じ、店名に決めたという。

イギリス人の友人に「おいしいスパニッシュレストランがあるから行ってみない」と誘われて行ったのが、最初だったと記憶している。日曜にはフラワーマーケットでにぎわうコロンビア通りのすみっこに、ラッシェイロがある。ラッシェイロは、リオス一家の出身地であるスペインの北西部・ガリシア地方の画家のニックネームだとか。スパニッシュレストランというと少しごちゃついたイメージだが、ラッシェイロは白壁に絵画がアクセントとして掛けてある程度。無駄なデコレーションがなく、清潔で気持ちのよい空間が広がる。

1982年、デリカテッセンからスタートして以来、スペインのおばあちゃんの味を提供し続け、スペイン料理好きな方々が遠方からも足繁く通う。メニューは月に1回かわり、定番はオープン当時からほとんどかわっていないとか。その中でも、オーダーしてから作り始めるパエリアは絶品だ。

ミートボールだけは前もって作り、冷凍しておいたものを使うが、それ以外の料理は生から調理するのがこの店のポリシーだ。

新鮮な魚介類とスペイン産のオリーヴオイルで丁寧に仕上げる。

ここのいいところは、タパスみたいに何品もオーダーしてシェアできるところ。にんにくマヨネーズがつくイカのリングフライ、とろりと濃度のあるヴァージン・オリーヴオイルで和えた薄切りのタコ、俵形の生ハムのクロケット、アラビアータのような辛みのあるトマトソースがかかったミートボール、チョリソーの赤ワイン煮など……、どれもおいしいからあれこれ迷ってしまう。ここのチョリソーは辛みと燻製の香りがとてもよいので1品は必ず選ぶし、マヨネーズソースはパンにつけてもおいしいので、これがつく料理もオーダーするなど、通うたびにいくつかの決まりごとができた。

ロンドンで味わうスペイン。ストックのひとつとしていかがだろうか。

Euphorium Bakery

ユーフォリウム・ベーカリー【ベーカリー／カフェ】
202 Upper Street, N1 1RQ　MAP p.45 ㉙　「Highbury & Islington」駅
TEL 020 7704 6905　月−金 7:00−22:00／
土・日 8:00−22:00　blog.euphoriumbakery.com

クロワッサン（右上）、パン・オ・ショコラ（右下）、
アーモンド・クロワッサン（左上）、ヴェジタブル・ピザ（左下）。

ユーフォリアとは、「幸福感」という意味。そんな行くだけでハッピーになれるような名前のベーカリーは、ロンドン北部を中心に7店舗を展開している。イズリントン地区にある本店の地下に厨房があり、毎朝15〜16種類のパンが焼かれ、各店舗へ運ばれていく。材料はすべてがオーガニックというわけではないが、地粉を使い、昔ながらの製法で作り続けているのがおいしさの秘訣のようだ。イギリスっぽいパンというより、フランスやドイツ、北欧など他の国のパンが目につくので、尋ねたところ、「うちはイギリスのアルチザンのパンです」という答えが返ってきた。私にはそれが「国境を超え、熟練された職人技でおいしいパンを焼くのがうちのスタイルです」というニュアンスの言葉に受けとれた。

ミューズリーブレッドは、遠方からわざわざ買いにいらっしゃるお客がいるほど人気だし、スカンジナヴィア

真ん中が人気のミューズリーブレッド。
左は日曜のパン「オリーブのフガス」。フガスは南フランスのパン(上)。

ン・ヘビーライブレッド（ライ麦パン）もそれに次ぐ人気のパンだ。曜日ごとに違うパンというのもあり、常連客には心にくいサーヴィスだと思う。私のおすすめはフランス産の上質なバターを折り込んだデニッシュ類。クロワッサン、パン・オ・ショコラ、アーモンド・クロワッサンなど、何層にも膨らんだ生地からバターの香りが弾け飛ぶ。フランスのパン屋さんにひけをとらないおいしさだと味わう度に思う。

ランチメニューも充実していて、サンドウィッチやステーキパイが人気。ストロベリークリームタルトやチョコレートエクレアなどのケーキ類は常時20種が揃っている。ひとつ残念なのが、カフェがデザインされ過ぎているところ。パンの味みたいに、オールドスタイルを貫いた方が、よりユーフォリウム・ベーカリーらしいと思うのだが。

Ryantown

ライアンタウン【アートショップ】
126 Columbia Road, E2 7RG　MAP p.44 ㉚
「Hoxton」駅　TEL 020 7613 1510（オープン時のみ）
土 12:00–17:00／日 9:00–16:00　※土日のみオープン
ryantownshop.blogspot.com

まずはこのウインドウディスプレイに心奪われる。
ディスプレイは3週間に1度くらいの割合でかえているそう。

ヴィヴィッドなエメラルドグリーン地にぷっくりと膨らんだ小鳥のモチーフが描かれたファサードは、かわいいお店がひしめき合うコロンビア通りの中でも、ひときわ目を引く。ここは世界的にも有名な切り絵アーティスト、ロブ・ライアンさんの作品やグッズが買える、世界でまだひとつしかないアートショップだ。

キプロス生まれ、イギリス育ちのロブさんは、イギリスの芸術大学の最高峰、ロイヤル・カレッジ・オブ・アートでプリントメイキングを学び、ファッションブランド、ポール・スミスとのコラボレーションや老舗デパート、リバティーのショウインドウのデコレーションなどで脚光を浴びた。語りかけるようなロブさんの切り絵に、魅せられない女性はいないのではないだろうか。カットの技術はもちろんだけど、私は色の使い方や組み合わせ方も素敵だなあと関心をよせている。ラズベリーピンク、ラヴェンダーブルー、イエロー

1枚1枚丁寧にシルクスクリーンでプリントされたカード(上)。
ショップマネージャーのシンシア・グランドフィールドさん(右下)。

グリーン、コクのあるオレンジなど、きれいな色がロブさんの切り絵をより一層引き立てているから。

ロブさんのグッズはロンドン市内のデパートでも大量生産ものをよく見かけるが、ここは違う。シルクスクリーンプリントやレーザーカットから、Tシャツやバッグなどの布もの、お皿やマグカップなどの食器類、タイル、アクセサリー、ガムテープやカードにいたるまで、1点1点がロブさんのスタジオで丁寧に作られたものだ。特に人気なのが、レーザーカットの切り絵。ロブさんの手でカットしたものは無理でも、レーザーカットならリーズナブルな価格で手に入りやすい。作品を買ったつもりで額に入れ、好きな場所に掛けて楽しむ人々が多いのだろう。暮らしの中にとり入れたくなるアート、そんなところがロブさんの切り絵の魅力なのかもしれない。

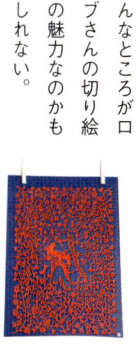

E. Pellicci

イー・ペリッチ【カフェ／レストラン】
332 Bethnal Green Road, E2 0AG　　MAP p.44 ③1
「Bethnal Green」駅　TEL 020 7739 4873
7:00–16:00　※朝食 終日／ランチ 10:00–　日曜休み

イングリッシュブレックファーストは7:00から16:00まで、
Lunchとある食事は10:00頃から16:00までいただける。

ロンドン東部は、いわゆる下町。中でもイー・ペリッチがあるベスナル・グリーンは、20世紀の初めに、出稼ぎに来たイタリア人が定住したというエリアだ。イタリア移民は食いしん坊が多いからか、飲食業に従事することが多いという。初代オーナーのペリッチ夫妻も1900年にカフェをオープン。そんな中、ご主人のプリモさんが突然他界される。残された奥様エリデさんは、女手ひとつで7人の子供を育てながら、カフェを切り盛りすることになった。40年代には、この辺りに大工職人が住むようになり、その中のひとりが、エリデさんのイニシャルであるEPと彫った美しい飾り板を贈る。エリデさんは彼の腕前に惚れ込み、お金が貯まるたびに制作を依頼していった。微妙な色の違いが複雑な模様を作り上げる細やかな職人技は、今も訪れる人の目を楽しませてくれる。2005年には、英国歴史遺産に

店内はこぢんまりとしている(上)。大工職人からエリデさんに贈られた飾り板(左下)。
みんなのマンマ、マリアさん(右下)。

も登録された。

その後、長いこと2代目としてカフェを切り盛りしていたのはエリデさんの息子ネヴィオさんだ。残念ながら08年にネヴィオさんも天国へ。彼の亡き後、奥様のマリアさんとその息子のネヴィオ・ジュニアさん、娘のアンさんがペリッチ一家のエスプリを受け継いでいる。今でもキッチンに立って采配をふるうマリアさん。彼女がこしらえるミートボール入りのパスタ、カネロニ、ラザニアは、ここの看板メニューだ。

地元の労働者から著名人まで、イ!・ペリッチのファンは本当に多い。フレンドリーな接客とマンマの味に惚れ込み、45年間も通い続けているお客もいる。下町に100年以上続く小さなカフェ・レストラン。その歴史は、ペリッチ一家の惜しみない愛と笑顔によって紡がれたものに違いない。

St. John Bar and Restaurant

セント・ジョン・バー・アンド・レストラン【バー／レストラン】
26 St. John Street, EC1M 4AY　　MAP p.45 ㉜　「Farringdon」駅　TEL 020 3301 8069
月－金 11:00－23:00／土 18:00－23:00／日 12:00－17:00（バー）
ランチ 月－金 12:00－15:00／日 13:00－15:30、ディナー 月－土 18:00－23:00（レストラン）
www.stjohnrestaurant.com

ローストした骨髄とパセリのサラダ（右上）、マドレーヌ（右下）、
ギネスのウェルシュ・レアビット（左上）、エックルケーキ（左下）。

1994年、セント・ジョン通りにあるスモークハウスだった建物を改造してこの店は誕生した。見上げるほど高い天井は、ハムやベーコンを吊るしていた時代の名残だろう。このユニークな間どりを上手に利用し、バーカウンターとベーカリーのあるテーブル席を「バー」と称し、中2階の別室を「レストラン」と称して、営業している。バーでは、おいしいお酒と黒板メニューでカジュアルに。レストランの方では、パリッと糊のきいた純白のテーブルクロスの上で、よりフォーマルなスタイルの食事が楽しめる。

ここのすぐそばには、今も機能しているイギリス最古にして最大の肉の卸売市場、スミスフィールド・マーケットがある。そんな立地条件から、セント・ジョンはいわば肉のレストラン。「お客様には常に新しいテクスチャーや香りを味わっていただきたい」というポリシーで、肉のありとあらゆる部位をおいしく食べさせてくれる。トレー

バースペースのテーブル席からはベーカリーがよく見える（上）。
純白のクロスがシンプルな空間に映えるレストランスペース（下）。

ドマークは豚。豚は頭の先からしっぽまで余すところなく食べられる動物というところが、お店のコンセプトにピタリと合うからだ。

シンプルなピースに、季節の彩りを添えるというのがメニュー作りの方程式のよう。イギリス伝統料理をセント・ジョン風にアレンジしたものもいい。例えばパブの定番メニューのウェルシュ・レアビット（イギリス版クロック・ムッシュー）をセント・ジョン風にすると、フィリングにギネスビールが入る。郷土菓子エックルケーキが薄く切ったランカシャーチーズと一緒にサーヴされるデザートも、カランツの凝縮された芳醇な甘みとチーズの塩気が病みつきになるひと皿だ。

2011年にはソーホーにホテルもオープン。プライドを持ってステップアップしていく「セント・ジョン」に、これからも目が離せない。

St. John Bread and Wine

セント・ジョン・ブレッド・アンド・ワイン【カフェ／レストラン】
94-96 Commercial Street, E1 6LZ　MAP p.44 ㉝
「Liverpool Street」駅　TEL 020 3301 8069　朝食 9:00−11:00／
ランチ 12:00−18:00（土・日−16:00）／ディナー 18:00−23:00（日−21:00）

真っ白い空間を、真っ白いコックコートに身を包んだスタッフが
颯爽と歩いてサーヴィスする姿が、とにかくカッコいい。

前ページでご紹介した「セント・ジョン」はベーカリーも営んでいる。セント・ジョンのパンといえば、おいしいものが好きなおしゃれさんの間ではちょっとしたブランド。そんなおいしいパンと選りすぐりのワインを楽しむために作られたのが、セント・ジョン・ブレッド・アンド・ワインだ。今はベーカリーだけがバーモンジー地区に移ってしまったが、それまではずっとここで焼かれていた。ホワイト、ブラウン、軽めのライ麦、重めのライ麦（100％）、サワードウ、レーズン、ソーダブレッド、食パンなど、常時8種類あってどれも皮がとびきり香ばしく、のびやかな弾力もある。そして何より粉と発酵のよい香りがするおいしいパンだ。

白くペイントされたファサードは、バー・アンド・レストランによく似ているが、中は板張りの食堂のようなフラットな空間が広がる。
バー・アンド・レストランと比べて、ここは野菜をたくさん使ったメニュー

朝食メニューは基本的にかわらないが、ヨーグルトにのせる果物は
日によってかわる（上）。炭焼きベーコンサンドウィッチ（左下）。

　が多く、素材の味や香り、食感を生かすために、ごくシンプルな調理法や味つけになっている。ワインは今時珍しいくらいフランス産のワインしか揃えていない。フランスでも手頃でおいしいワインを造っている地域が目につく。

　時間帯によってサーヴされる食事がかわる中で、私のおすすめは朝食。朝は人も少ないので騒々しくない。朝食メニューは、せっかくだからブラウンブレッドのトーストやベーコンサンドウィッチなどパンが主役のメニューを味わいたい。カリッと焼いた卵色のブリオッシュに、甘く煮た果物を落としたヨーグルトという組み合わせもよかった。そして、ここでは普段、カフェオレ党の私がミルクティーをいただく。オリジナルブレンドの紅茶は、渋みとコクのバランスが抜群で、ミルクを注ぐと、おいしさが幾重にも膨らむ素晴らしい紅茶なのだ。

Undercurrents

アンダーカレンツ【アンティークショップ】
28 Cowper Street, EC2A 4AS　MAP p.45 ㉞
「Old Street」駅 Exit 4　TEL 020 7251 1537
12:00 - 18:30 (土 - 17:00)　日曜休み、長期休みあり

1960～70年代のアールデコのものが中心。アクセサリーなども揃っている。
北欧へは年に1度、大掛かりな買いつけに行くそう。

オールド・ストリート駅近くの細い路地を入り、ずんずん進んで行くと、左手にアンティークで埋めつくされたガラスのウインドウが見えてくる。200年くらい遡（さかのぼ）っても先祖は生粋のロンドン人だとおっしゃるのはご主人のケヴィン・ハリスさん。一方奥様のアイナさんは、ネイティブ・アメリカンやフィンランドの血が混じるカナダ人で、6ヶ国語を自由に操る。純血と混血というユニークな組み合わせのご夫婦は、とても仲がよく、日がわりで店番をしている。

店内には、様々なジャンルのアンティークがひしめき、その大半が北欧製だ。デザイナーやメーカー名は知らなくても、雑誌で見たことがあったり、佇まいからしてお値打ちものと推測できるものばかり。ゆっくりと時間をかけて、宝の山からお気に入りを見つけられたら……そんな淡い期待を抱きながら、ふらりと出かけて行くお店のひとつだ。

Jasper Morrison Shop

ジャスパー・モリソン・ショップ【デザイナープロダクトショップ】
24b Kingsland Road, E2 8DA　MAP p.45 ㉟
「Shoreditch High Street」駅　11:00-17:00
土、日曜休み　www.jaspermorrison.com/shop

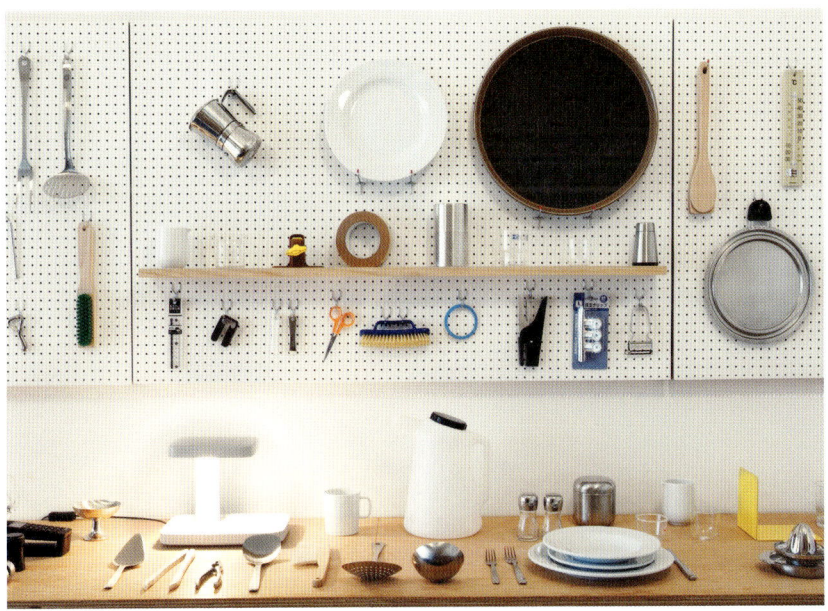

©Nicola Tree

ショップは2部屋に分かれており、モリソンセレクトグッズは、イタリアやドイツといったヨーロッパ製と日本製がメイン。

ジャスパー・モリソン氏はイギリスを代表するプロダクトデザイナーだ。彼の作品群の中でよく知られているのが、真上や横から見るとやや楕円にカーヴした丸いランプ。シンプルながらも芸術作品のような風格を持つのがジャスパー・モリソンプロダクツの特徴といえる。

彼のリアルショップがロンドン東部にあることを教えてくれたのは、レイバー・アンド・ウエイト（56頁）のオーナー、レイチェルさん。早速教わったアドレスへと向かう。キングスランド通りの24bと記された黒い扉の向こうに、すっきりと整えられた中庭を横長の格子で仕切られたガラス張りのモダンなお店が現れた。ここには、ジャスパー・モリソンプロダクツ以外にも、彼の目線でセレクトされたものが並んでいる。そこだけが切り取られたような空間美に、デザインの神様の洗礼を受けたような清らかさを感じた。

©Nicola Tree

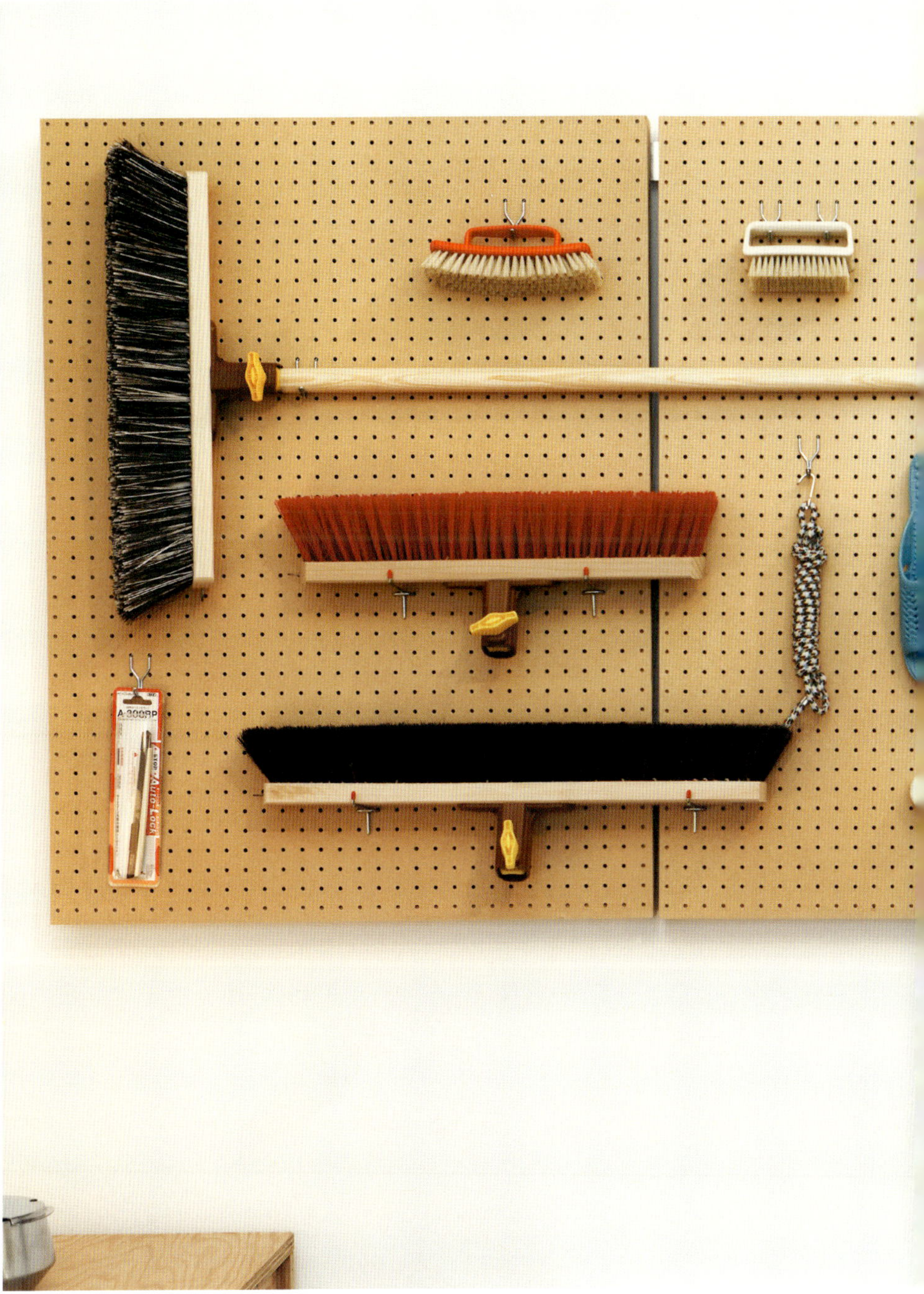
A-300RP
Auto-Lock

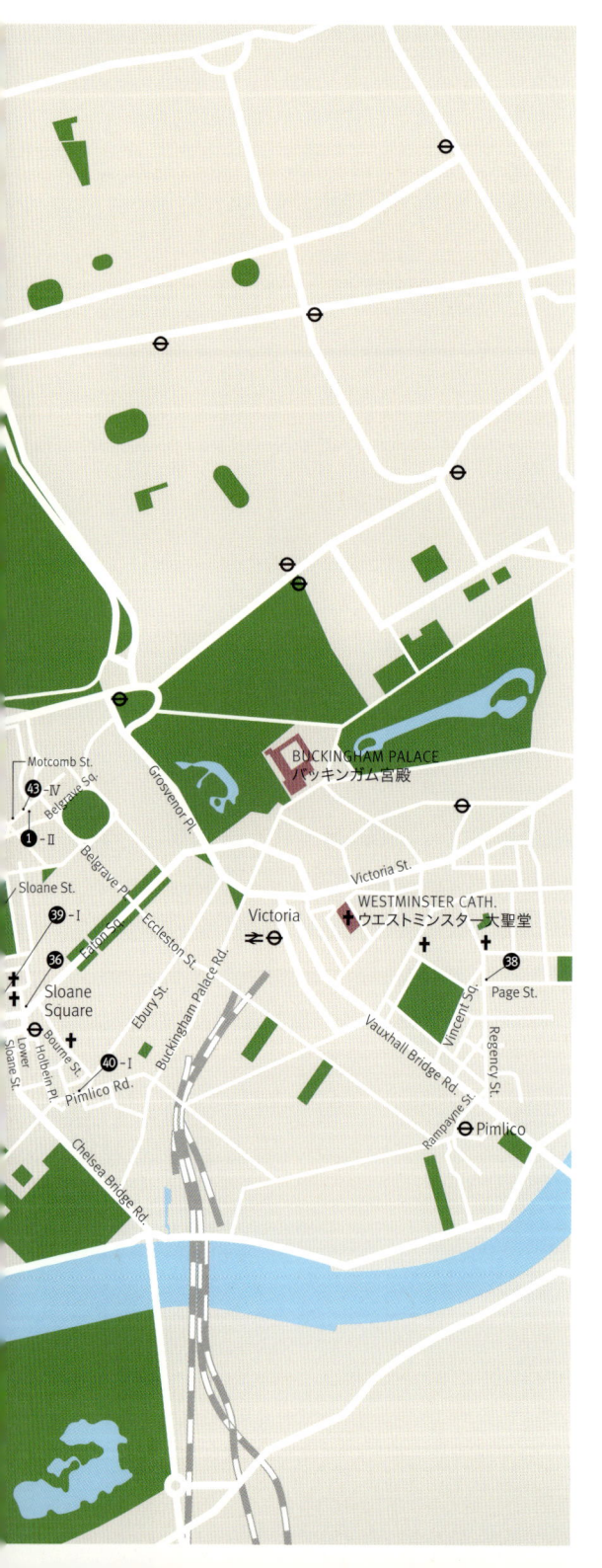

WEST & SOUTH AREA

西 & 南エリア

- ❶-Ⅱ ロココ・チョコレーツ (p.12)
- ❶-Ⅲ ロココ・チョコレーツ
- ❿-Ⅱ ココマヤ (p.32)
- ㊱ — デイヴィッド・メラー (p.94)
- ㊲ — ブレイディーズ (p.96)
- ㊳ — リージェンシー・カフェ (p.98)
- ㊴-Ⅰ ヴェー・ヴェー・ルロー (p.100)
- ㊵-Ⅰ デイルズフォード・オーガニック (p.102)
- ㊵-Ⅱ デイルズフォード・オーガニック
- ㊶ — ヴィクトリア・アンド・アルバート・ミュージアム (p.104)
- ㊷ — メルト (p.106)
- ㊸-Ⅰ オトレンギ (p.108)
- ㊸-Ⅲ オトレンギ
- ㊸-Ⅳ オトレンギ
- ㊹ — ブックス・フォー・クックス (p.110)
- ㊺ — ピーターシャム・ナーセリーズ (p.112)
- ㊻-Ⅰ ディヴェルティメンティ (p.114)
- ㊼ — ザ・オリジナル・メイズ・オブ・オーナー・ショップ (p.116)
- ㊽ — ボロー・マーケット (p.118)
- ㊾ — モルトビー・ストリート (p.119)
- ㊿ — レトロ・ホーム・アンド・ジュエリー (p.120)
- ⒞ — トムズ (p.122)

D

Tanner St.
David St.
Maltby St.
Millstream Rd.
Abbey St.
Jamaica Rd.
Bermondsey

E

Wandsworth Bridge Rd.
Swandon Way
Wandsworth Town
York Rd.
Ferrier St.
Alma Rd.
Old York Rd.
Ebner St.
Fullerton Rd.
Trinity Rd.
East Hill

F

High St.
Kew Rd.
ROYAL BOTANICAL GARDEN KEW
ロイヤル・ボタニカルガーデン・キュー
Mortlake Rd.
Cumberland Rd.
Broomfield Rd.
Leyborne Ave.
Lichfield Rd.
Kew Gardens

G

Richmond
George St.
Paradise Rd.
Sheen Rd.
Richmond Hill
Petersham Rd.
River La.
Cedar Heights

H

SOUTHWARK CATH.
サザーク大聖堂
London Bridge St.
London Bridge
Southwark St.
Borough High St.
St. Thomas St.

Westbourne Park Rd.
Blenheim Cr.
Talbot Rd.
Ledbury Rd.
Colville Rd.
Westbourne Gro.
Portobello Rd.
Pembridge Villas
Westbourne Gro.
Kensington Park Rd.
Pembridge Rd.
Notting Hill Gate
Notting Hill Gte.
Holland Park Av.
Kensington Church St.
Bayswater Rd.

KENSINGTON GARDENS
ケンジントン・ガーデンズ

York House Pl.
Holland St.
Hornton St.
Derry St.
Kensington High St.
High Street Kensington

WHOLE FOODS
ホール・フーズ

Exhibition Rd.
SCIENCE MUSEUM
科学博物館
NATURAL HISTORY MUSEUM
自然史博物館
VICTORIA & ALBERT MUSEUM
ヴィクトリア＆アルバート・ミュージアム
HARRODS
ハロッズ
Knightsbridge
Brompton Rd.
Hans Rd.
Beauchamp Pl.
Egerton Terrace
Pavilion Rd.
South Kensington
Cromwell Rd.
Thurloe Pl.
Thurloe St.

PETER JONES
ピーター・ジョーンズ

King's Rd.
Beaufort St.

David Mellor

デイヴィッド・メラー【カトラリーメーカー／食器・調理器具店】
4 Sloane Square, SW1W 8EE MAP p.92 ㊱
「Sloane Square」駅 TEL 020 7730 4259 月〜土 9:30–18:00／
日 11:00–17:00 www.davidmellordesign.com

ロンドンの直営店はここのみ。デイヴィッド氏の生まれ故郷の
シェフィールドには工場、ショップ、ミュージアム等がある。

デイヴィッド・メラー氏（1930〜2009）は、20世紀のイギリスを代表する工業デザイナーだ。専門はカトラリーだが、信号機や公園のベンチ、ゴミ箱などもデザインしている。鉄鋼業で栄えたイギリス中部のシェフィールドで生まれ、金属の傍らで育ったデイヴィッド氏は、冷たいマテリアルの金属から、暮らしを豊かにする「もの」を作り出すデザイナーへと成長する。1953年にデザインした処女作のカトラリー「Pride（プライド）」は、57年にデザイン・センター・アワードに選出された。これは今でも人気のシリーズで、カジュアルさとエレガントさが共存する非の打ちどころのないデザイン。プライドと同じくらい人気の「Paris（パリス）」は、柄の先になめらかなカーヴがほどこされた端整なカトラリーだ。素敵なフォークやナイフに、あれこれと迷ってしまう。

現在は、亡き父のエスプリを受け継いだ息子コリン氏が、ボーンチャイナや

息子コリン氏がデザインしたグラス（右上）とナイフのシリーズ（右中央）。
プライドシリーズ（右下）、イギリスの陶器（左）。

グラスなど、新しいラインのデザインを手掛けている。スローン・スクエアの一角に、1969年からある直営店には、David Mellorブランドの商品の他に、デイヴィッド氏が生前セレクトした器、調理器具、キッチン用品が並ぶ。中でも私の心を捉えて離さないのがイギリスの作家がこしらえた陶器。日本ではあまり知られていないのだが、その質感とフォルムは和食器を彷彿させる。砂色のザラザラとした感じ、艶のある空色の釉薬の存在感、表面が大胆に削られたデザインなど、見つめているうちにどんどん魅力を増してゆく。デイヴィッド氏がイギリスの工芸団体の責任者だったということもあって、品揃えも充実している。もし、お嫁に行けるなら、ここで嫁入り道具を揃えたいなあと密かに思っている。

Brady's

ブレイディーズ【レストラン】

513 Old York Road, SW18 1TF　MAP p.93❸❼　「Wandsworth Town」駅
TEL 020 8877 9599　火〜木　ディナー 18:30-22:00／
金・土　ランチ 12:30-14:30、ディナー 18:00-22:00（土 -22:30）
日、月曜休み　www.bradysfish.co.uk

今日はフィッシュ&チップスを食べに行くぞと心に決めて出かけて行くのがブレイディーズ。地下鉄からナショナル・レイルという列車に乗りかえ、ワンズワース・タウン駅で下車する。駅の改札を出て、通りを右に行くとすぐ目に飛び込んでくるチョコミントアイス色の小さなレストランがそう。Brady'sのフォントと、魚を組み合わせたクリーム色のロゴマークも、外観とよく合ってかわいい。

「魚は新鮮なものをシンプルな調理法で」というのが、オーナーのルーク・ブレイディーさんのこだわり。メイン料理として、スコットランド、コーンウォール、ノルウェーから届く魚を2種の調理法で出している。ひとつは「Battered（バッタード）」で、衣をつけて揚げたもの。もうひとつは「Grilled（グリルド）」で、ローズマリーやタイムを合わせたドライハーブをまぶして焼いたものだ。バッタードの方は、コッド、ハドック、「Saithe（セイス）」（すべてタ

ラの一種）、「Plaice（プレイス＝ツノガレイ）」の4種で、ここでも通向けのハドックが人気のよう。フレッシュな植物油を使い、通常よりも高い温度でカラッと揚げる。サクッと軽い音をたてて裂けた衣がふんわりと続いた後、身が口の中でホロホロと崩れていく抜群の揚がり具合だ。ヘルシーなグリルドの方は、魚も10種ほどの中から選べる（仕入れ具合によっては、ない魚があることも）。ブレイディーさんのおすすめは舌平目とエイ。特に舌平目はドーヴァー産で、淡泊ながらも繊細な味わいだ。ここはグリーンピースのマッシュもおいしい。ほんのり甘くて、喩えるならグリーンピースの餡のよう。

お腹の余裕があれば、デザートまでいただきたい。そしていつも、やっぱりここまで足をのばしてよかったなあと、ニコニコ顔でレストランを後にする。

右から順に、エビのカクテル、アンチョビとニシンの盛り合わせ、ハーブをまぶして焼いた舌平目、衣をつけて揚げたハドック。

オーナーのルーク・ブレディーさん。今から約20年前に、第2の人生として選んだレストラン業がしっかり実を結んでいる。

Regency Cafe

リージェンシー・カフェ【カフェ／レストラン】
17-19 Regency Street, SW1P 4BY　　MAP p.92 ㊴
「Pimlico」駅　TEL 020 7821 6596　　月–金 7:00–14:30、
16:00–19:00／土 7:00–12:00　日曜休み

ひとり暮らしのご老人からタクシードライバーまで、
様々な人たちが、このテーブルに座って食事をしている。

私の中で、ロンドンのレトロなカフェを巡るという小さなブームがあった。

日本でも純喫茶のようにノスタルジックなところがあるのだから、ロンドンにも古いタイプのカフェがあるのではと思ったのがそのきっかけだ。イー・ペリッチ（82頁）もこの時に見つけたカフェだし、ここリージェンシー・カフェもそう。創業は1946年と古く、黒いタイル張りに白いフォントという潔いデザインがとても気に入って、見つけた時は大層うれしかったのを覚えている。現オーナーはイタリア人のマルコ・スキアヴィッタさんとクラウディア・ペロッティさんの2人。父親同士が仲良しでこのカフェを共同購入し、その息子と娘である2人が経営をまかされることになったという。不思議な成り行きだなあとも思ったが「イタリア移民は飲食業に従事する人が多い」という言葉がふと頭をよぎる。

飾られているボクシングやサッカーの写真はマルコさんのご趣味（上）。
これらのメニューが5ポンド前後で食べられるのが魅力（下）。

窓には赤い大きめのチェックのカーテンがかけてあって、ガラス戸から差し込む外光をほどよく遮断する。目玉焼きがのったイングリッシュブレックファーストと奮闘する青年、スパゲティーボロネーゼをゆっくり食べる老紳士、お皿をさげられてもおしゃべりを続けるご婦人方……それぞれのテーブルが映画のワンシーンのようにカッコよく映るのは、レトロな空間のなせる業だろう。実際、ここは映画やポスターの撮影にも使われているそうだ。

カウンターに並び、パイ、ハンバーガー、パスタなど、オーソドックスなメニューの中から食べたいものをオーダーする。席に座り、呼ばれたら自分で料理をとりに行く。そして、黙々といただく。常連客と同じリズムで同じ動作を繰り返し、同化する。私はそれがすごく楽しいのだと思う。

数年前から、ロンドンでは個性的なヘッドアクセサリーを手作りするのが流行っているらしい。土台となるプレーンな帽子に、リボンや羽根、花、蝶、鳥などのパーツをちりばめる。オーダーメイドでもセルフメイドでもいい。ドレスアップする時、こんなヘッドアクセサリーがあれば、装いも一気に華やぐというものだ。ドレスアップすることが習慣になっているイギリス人らしい手仕事だなあと思った。若い人には、帽子よりもプレーンなカチューシャにデコレーションをするタイプが人気だという。店内の一角には専用のコーナーが設けられ、スタッフが作ったサンプルが、美しいマネキンの頭にちょこんとのせてある。そのひとつひとつを目で追うだけでも楽しい。
フロリストだったアナベル・ルイスさんが、お花を束ねるのに気に入ったリボンが見つからず、探しているう

V. V. Rouleaux

ヴェー・ヴェー・ルロー【リボン屋／手芸材料店】※スローン・スクエア店は閉店中（2012年5月現在）。
<スローン・スクエア店> 261 Pavilion Road, SW1X 0BP　MAP p.92㊴-Ⅰ　「Sloane Square」駅
TEL 020 7730 3125　月-土 9:30-18:00（水 10:30-18:30）／日 12:00-16:00
<マリルボーン店> 102 Marylebone Lane, W1U 2QD　MAP p.11㊴-Ⅱ　「Bond Street」駅
TEL 020 7224 5179　月-土 9:30-18:00（水 10:30-／木 -18:30）　日曜休み　www.vvrouleaux.com

お客から頼まれたヘッドアクセサリーを作るスタッフ。
壁面上のボードに飾られているのは、様々な色や形の花のパーツ。

ちに、お店をオープンするまでに至ったという。リボンは売り場の約半分を占め、中でも人気なのがワイヤー入りのリボン。スタッフが、ラズベリーピンク色のリボンをくるくるとローラーから外し、アッという間に蝶結び形に整えた。「こんなふうに自由自在に結べるし、形も崩れないんですよ」。微妙に異なる色のヴァリエーションも豊富だ。リボンを含む手芸材料は、主にフランス、スペイン、日本から輸入し、卸業もやっている。

店名は「Very・Very」の頭文字のVと、フランス語で「巻いたもの」という意味の「Rouleaux〈ルロー〉」を合わせた造語で、「リボン」のことを示唆している。アナベルさんの原点がリボンにあることをきちんと含んだ素敵なネーミングだ。おしゃれ心いっぱいのロンドンっ子みたいに、お気に入りのリボンやパーツを見つけたい。

リボンでできた花のカチューシャ。目もとの羽根はディスプレイ用で実際には使えないとか。

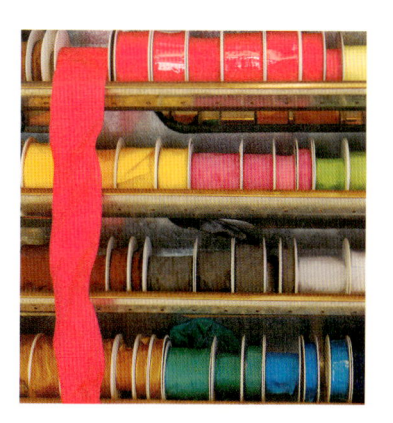

両端にワイヤーが入っているので自由に形が作れるリボン。100色くらい揃っている。

イギリスのメーカー製の蝶のパーツ。色や模様だけでなく大きさもいろいろある。

カラフルな縞のリボンにカラフルな鳥を合わせた、どこかエキゾチックなヘッドアクセサリー。

Daylesford Organic

デイルズフォード・オーガニック【オーガニックショップ／カフェ】
<ピムリコ店> 44B Pimlico Road, SW1W 8LP　MAP p.92㊵-I　「Sloane Square」駅
TEL 020 7881 8060　　月-土 8:00-19:00／日 10:00-16:00
<ノッティング・ヒル店> 208-212 Westbourne Grove, W11 2RH　MAP p.93㊵-II　「Notting Hill Gate」駅 Exit3
TEL 020 7313 8050　　月-土 8:00-19:00／日 10:00-16:00　　www.daylesfordorganic.com

冷蔵庫がなかった時代のフードホール（食料品館）は大理石でつくられていたとか。
天然素材にこだわるこのお店も大理石を使用。

「おいしいくて体にもよいものが、こんなに簡単に手に入っていいものだろうか……」。デイルズフォード・オーガニックに来ると、そんな思いがふと湧いてくることがある。

今やオーガニックの一ブランドとしての地位を確立し、海外にも進出しているこの会社のトップに立つのはキャロル・バンフォードさん。4人の孫を持つおばあちゃまだ。キャロルさんは子育てをしながら、安心して食べさせられるものが少ないことに驚き、その確保にこれからそう苦労されたという。同時に、これからのオーガニックの重要性を強く感じ、イギリス南西部の広大な農場でオーガニック農法からスタートさせる。キャロルさんの「安心して暮らしにとり入れられるものを提供したい」という情熱とたゆまぬ努力が、25年以上の歳月を経て大きく華開い

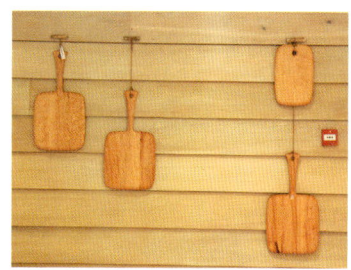

ピムリコ店は地上2階、地下1階で、1階が食料品売り場、
2階にはカフェスペースと生活雑貨売り場がある。

た。「ハッピーな牛や鶏、羊が育つ農場から届いた食べもの」と聞いただけでワクワクするし、「ハッピーな」という形容詞から、飼育環境が整っていることも伝わってくる。ここは食べものだけでなく、テーブルやキッチンまわりのもの、バスまわりやボディケア製品、掃除用品、インテリア雑貨、本などもとり扱っているから、オーガニックの小さなデパートのようだ。

コッツウォルズ地方の本店とロンドン市内に2店舗あり、デパート「セルフリッジ」にも売り場を持つ。私は、カフェスペースがゆったりと設計されたピムリコ店を利用することが多い。カフェでは、オーガニック農場から届く旬の食材でこしらえた月がわりのメニューがいただける。生産者の顔が見えるというレベルを優に超え、自らが生産者となり、農場からテーブルまでがオーガニックという一本のゆるぎない動線で結ばれているのだ。

V&A Museum

ヴィクトリア・アンド・アルバート・ミュージアム【博物館】
Cromwell Road, SW7 2RL　MAP p.93 ㊶
「South Kensington」駅　Museums方向
TEL 020 7942 2000
10:00-17:45（金 -22:00）www.vam.ac.uk

©Victoria and Albert Museum, London

文化面において最も輝かしい時代に君臨したヴィクトリア女王と
その夫アルバート公がミュージアムの基礎を築いたという。

私は絵画よりも「もの」に心ひかれる。絵画はそれなりの知識がないとのめり込みにくいが、「もの」は、もっとシンプルに使ってみたいとか、着てみたいという女性目線で鑑賞できるから。

今から15年くらい前、初めてロンドンを訪れた時に向かったのはヴィクトリア・アンド・アルバート・ミュージアムだった。ここには、陶磁器、ガラス工芸品、宝石、金属細工、家具、衣装、布等々、芸術的価値を持つ「もの」とデザイン的価値を持つ「もの」、約300万点が一堂に展示されている。そのクオリティーは世界一ともいわれ、「もの」が好きな私にとってはパラダイスだ。館内の大半を占める常設展は無料で鑑賞できるが、それがとても心苦しい。4000年以上にわたる人類の創造の歴史を心ゆくまで鑑賞したいから、いつも数ポンドを募金箱に投じるのだ。

WEST &
SOUTH
AREA

西＆南エリアの歩き方

ロンドンでも高級な香りのする地区。効率よく歩いて回れるルートをご紹介。

おすすめルート1

スローン・スクエア駅周辺に、本文でご紹介した店が集まっている。まずピムリコ・ロード(Pimlico Rd.)に進み、デイルズフォード・オーガニック(102頁)で朝食を。駅方向に戻ってデイヴィッド・メラー(94頁)へ。さらにパヴィリオン・ロード(Pavilion Rd.)のヴェー・ヴェー・ルロー(100頁)、ココマヤ(32頁)へ。スローン・スクエアに面したデパート「ピーター・ジョーンズ(Peter Jones)」もぜひ。地上階が、生地や器などが並ぶインテリアフロアだ。

おすすめルート2

ナイツブリッジ駅で下車、ブロンプトン・ロード(Brompton Rd.)を南下すると、左手に老舗有名デパート「ハロッズ(Harrods)」(87-135番地)がある。ここの食料品売り場は必見。キッチン用品なども一流のものが揃っているので見ごたえがある。この通りをさらに歩くとディヴェルティメンティ(114頁)があり、数軒隣にココマヤ(32頁)の新しい店舗もオープン予定(2012年5月現在)。少し進むと北欧雑貨と家具を扱う「スカンディウム(Skandium)」(245-249番地)があるので、時間があればのぞきたい。その先にヴィクトリア・アンド・アルバート・ミュージアムの優雅な建物が見えてくる。隣接して自然史博物館や科学博物館もある。

おすすめルート3

行くなら金曜。ノッティング・ヒル・ゲイト駅で下車、15分ほど散歩してブックス・フォー・クックス(110頁)へ。ここのランチは争奪戦。駅方向へ戻り、ウエストボーン・グローヴ(Westbourne Gro.)へ。この通りにはおもちゃ箱みたいなカフェ＆デリカテッセン「トムズ(Tom's)」やデイルズフォード・オーガニック(102頁)がある。このあたりはパリっぽい空気が漂う。レドベリー・ロード(Ledbury Rd.)にぶつかり、左折するとオトレンギ(108頁)、右折するとメルト(106頁)がある。その向かいにあるフレンチスタイルの子供服＆おもちゃ屋「プチ・エメ(Petit aimé)」(34番地)では、大人でもほしくなるかわいいものが見つかる。

左：ポートベロー通り。中：レドベリー通りの教会。右：ピーターシャム・ナーセリーズの店内。

Melt

メルト【チョコレートショップ】
59 Ledbury Road, W11 2AA　MAP p.93 ㊷
「Notting Hill Gate」駅 Exit 3　TEL 020 7727 5030
月ー土 10:00-18:30／日 11:00-17:00　www.meltchocolates.com

「Sea Salt」、「Wild」、「Wine」の順で人気。
Wildはボリビア産の希少なオーガニックカカオを使用している。

「メルト」という言葉は、とけた艶々のチョコレートを連想させ、チョコレートショップにはピッタリの名前だと思う。10年くらい前のロンドンでは、ひと口サイズのチョコレートを作って売るこのようなお店は希少な存在だった。

オーナーのルイス・ネイソンさんは4児の母。子育て当時、大量生産が主流だったチョコレートに対して、「子供たちにも質のよい、おいしいチョコレートを食べさせたい」という思いを抱き始める。2006年、その思いが形となり、優秀なチョコレート職人を招き入れてメルトをオープン。初代シェフはイギリス人、2代目はスイスでチョコレートを学んだイギリス人、そして現在のシェフは、日本人でしかも女性だ。3代目に抜擢されたのは、渡辺ちかさん。ちかさんはOLを辞め、単身ロンドンに渡る。「ル・コルドン・ブルー」ロンドン校で製菓を学び、その後ホテル等で修業を積んだ。その頃から、存在においてもテクニックにお

スラブはダーク、ミルク、ホワイトをベースに、トッピングが施されている（上）。キャラメルは1粒0.95ポンド（右下）。

いても、製菓の世界でトップランクのチョコレートにひかれ、スペシャリストになるならチョコレートでと決めていたとか。「このお店にはイギリス人がいて、そしてスイスでチョコレートを学んだ人がいて、歴代のシェフである私が加わった。自分のスタイルを前に出すのではなく、メルトらしさがとけ合ったチョコレートが、メルトらしさなのだと思います」とキッパリとおっしゃる姿が、何ともすがすがしい。そんなちかさんのおすすめは、紙のように薄くのばした軽やかな「Slab（スラブ）」。例えばそのひとつは、ダークチョコに、ストロベリー、ラズベリー、カカオニブがちりばめてある。チョコレート職人がこしらえる、口の中でとろけるヴァニラとチョコレート味の生キャラメルも大人気だ。

Ottolenghi

オトレンギ【ベーカリー／デリカテッセン／カフェ】

オトレンギは、ロンドン市内に4店舗を構えるオーガニックのデリカテッセン＆ベーカリーだ。

OTTOLENGHIと綴られた華奢なフォントや店構え、透明のガラス越しに見えるマフィンやタルト、デニッシュから、誰の目にも「人気のおいしい店」と映るのではないだろうか。2002年にオープンしてから着実に店舗数を増やしているにもかかわらず、何をいただいてもおいしさは変わらず、その調理法や組み合わせにいつも発見があるのだ。

オーナーシェフのヨタム・オトレンギさんは、もともと食の世界にいた方ではない。30歳になるかならないかの頃、自国イスラエルから「ル・コルドン・ブルー」ロンドン校に入学。その後ロンドンでペイストリーシェフとしての修業を積み、ヘッドシェフにまでのぼりつめる。そして、2002年にノウム・バーさん、サミ・タミミさん、

ジム・ウェブさんと一緒に、オトレンギをオープンさせた。4店舗の中でもノッティング・ヒル店は、たっぷりと光が差し込むように設計されたカフェと、ほど良い大きさのスペースが気に入って、よく足を運ぶ。

朝ならクロワッサンとカプチーノを。ランチならサラダの盛り合わせがおすすめだ。サラダは常時約10種あり、その中から3種か4種選べるプレートがある。このサラダがまた素晴らしくおいしくて、旬のオーガニック野菜や松の実などの様々なナッツ、フレッシュハーブ、スパイスなどで和えてある。全体が混ざったところを口へ運ぶと、おいしさが幾重にも広がる。ティータイムには、バターリッチな焼き菓子とカプチーノを。どの時間帯に行ってもおいしいものがいただける、なかなか貴重なお店だ。

<ノッティング・ヒル店>
63 Ledbury Road, W11 2AD　MAP p.93㊸-Ⅰ
「Notting Hill Gate」駅 Exit3　TEL 020 7727 1121
月−金 8:00−20:00／土 8:00−19:00／日 8:30−18:00
※朝食 8:00−11:00／ランチ 11:00−

<イズリントン店>
287 Upper Street, N1 2TZ　MAP p.45㊸-Ⅱ
「Highbury & Islington」駅　TEL 020 7288 1454
月−土 8:00−23:00／日 9:00−19:00
(※ディナーは要予約) ※朝食 月−土 8:00−12:00、
日 9:00−13:00 ／ランチ 11:00−18:00

<ケンジントン店>
1 Holland Street, W8 4NA　MAP p.93㊸-Ⅲ
「High Street Kensington」駅
TEL 020 7937 0003　月−金 8:00−20:00／
土 8:00−19:00／日 9:00−18:00

<ベルグレイヴィア店>
13 Motcomb Street, SW1X 8LB　MAP p.92㊸-Ⅳ
「Knightsbridge」駅 Exit3　TEL 020 7823 2707
営業時間はケンジントン店と同じ
※朝食 8:00−11:00／ランチ 11:00−
www.ottolenghi.co.uk

Books for Cooks

ブックス・フォー・クックス【本屋／カフェ】
4 Blenheim Crescent, W11 1NN　MAP p.93 ④④　「Notting Hill Gate」駅 Exit3
TEL 020 7221 1992　10:00-18:00（木 -17:30）　※ランチ 12:00-
日、月曜休み　www.booksforcooks.com

世界中の食関係の本が集まる、私にとっては理想的な本屋だ。ポートベローのアンティークマーケットに行くと必ず立ち寄り、初めてロンドンを訪れた時から通っているので、もう15年くらいになるだろうか。パリにも同じコンセプトの本屋があるが、フランス語の料理書より、英語圏で出版されているものの方が、装丁、レイアウト、写真、どれをとっても購買欲をそそる仕上がりになっている。棚にびっしりと並ぶ8000種類以上の本や雑誌の中から好きなものを選ぶ作業は、喩えようもない至福のひとときだ。

そしてもうひとつ。ヨーロッパ中を探しても、まだここだけなのではと思うほど凝ったアイディアのカフェが併設されている。それはカフェのメニューが、売られている本の中から抜粋したレシピで作られていること。日がわりで、スープ、メイン、デザートが用意されていて、2品選べば5ポンド、3品選べば7ポンドと、お値段も

驚くほどリーズナブルだ（火曜はヴェジタリアンメニュー、土曜は少し割高になる）。例えば、ある日のメニューは、根セロリのスープ、リコッタのグリーンタルト、ソーセージ＆レンズ豆、ケーキ類といったふう。毎日通っても飽きないカフェだけれど、予約をとらないのでランチは争奪戦だ。12時のサーヴィス開始と同時に、アッという間になくなってしまう。

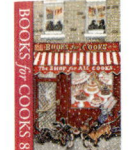

キッチンカウンターには、その日のメニューに使われているレシピ本も、ディスプレイされている。実際に作ったレシピは、カフェで食したお客の意見も参考にしつつ、特においしかったものだけを集めて小冊子『One Year at Books for Cooks』にまとめているとか。現在は10冊目を製作中だ。

1983年にハイジ・ラシエルさんが始めた小さな本屋は、世界に2つとないカフェと共に、世界中のおいしいもの好きの心をひきつけている。

入口の床に、このお店のトレードマークのモザイクがある。
「Notting Hill Gate」駅が便利だが、最短なのは「Ladbroke Grove」駅。

Petersham Nurseries

ピーターシャム・ナーセリーズ【ガーデン&インテリアショップ/カフェ/レストラン】
Church Lane, Off Petersham Road, Richmond, Surrey, TW10 7AG　MAP p.93 ㊺
「Richmond」駅（駅前から65または371番のバスに乗り、「The Dysart」で下車）
TEL 020 8940 5230　9:00-17:00（日 11:00-）※ティーハウスのランチ 火-日 12:00-／
レストラン 火-日12:00-14:45　petershamnurseries.com

リッチモンド駅からさらにバスに乗り、民家や木々の中をくねくねと走っていくとピーターシャム・ナーセリーズにたどり着く。ロンドン市内から行くとショートトリップくらいの感覚だろうか。中心街では実現できないくらいたっぷりとスペースを使い、大部分が木々や草花の群れが広がるガーデンショップとしてしつらえてある。茎や葉が線のように細いもの、ブローチにしたくなるような愛らしい花をつけたもの……様々な植物が並んでいる。天気のよい日には、太陽の光を浴び、たいそう気持ちがよさそうだ。季節ごとに様々な種類をとり揃え、色や形も素敵なものが多い。ここに来ると、ロンドンに自分の庭があったらという妄想がむくむくと膨らむ。

しゃれた骨組みのガラスハウスには、グレッグ・マルーフさんという新鋭のシェフが切り盛りする"カフェ"と称されたレストランがある。インテリアショップには家具や雑貨がグリーンと

花壇などに植える小さな草花類は、季節に応じて30〜60種ほど揃っている。

象のトレードマークは、オーナー夫妻がバリとインドの旅で得たインスピレーションをもとにデザインされた。

共にレイアウトされていて、差し込む光がそれらを美しく照らす。白い釉薬がかかったフレンチグレーの器やあでやかな色のグラスなど、室内で見るのとはまた違った印象だ。

散策後はティーハウスへ。こちらはレストランよりも気軽に楽しめるカフェスタイル。フードメニューは2週間ごとにかわり、ホームメイドのスープやサンドウィッチ、サラダ類などの軽食が中心だ。テーブルに集められたホールケーキや焼き菓子もおいしそうで、うず巻きのチェルシーバンズも食べたいし、エックルケーキも……といつも目移りする。ここの一番人気は、クリームチーズアイシングをペタッとラフに塗ったキャロットとくるみのケーキだそうだ。

ロンドンよりもちょっぴり澄んだ空気を吸いたくなった時に、自然と足がここへと向かう。

インテリアショップ（右）。ティーハウスのスイーツ。左下の渦巻きパンがチェルシーバンズ（左）。

有名老舗デパート、ハロッズからヴィクトリア・アンド・アルバート・ミュージアムに向かう途中にディヴェルティメンティはある。イタリア語の「楽しむ」というニュアンスの言葉からきているネーミングで、「料理は楽しみ」と捉えるオーナーの思いが込められている。

通りに面したガラス張りのウインドウから、食器やキッチン用品が整然と並んでいる様子がよく見えるので、雑貨好きの方はきっと素通りできないはず。吸い込まれるように店内に足を踏み入れると、世界中から選び抜かれた調理器具、食器やカトラリーなどテーブルやキッチンまわりの雑貨、約5000種が出迎えてくれる。中でもメイド・イン・フランスのものは、調理器具の世界でも使いやすさや耐久性など様々な面で秀でているそうで、フランスを筆頭に、イギリス、イタリア、ドイツ製のものが多い。

Divertimenti

ディヴェルティメンティ【食器・調理器具店】

<サウス・ケンジントン-ナイツブリッジ店> 227-229 Brompton Road, SW3 2EP　MAP p.93 ㊻-Ⅰ
「South Kensington」駅　TEL 020 7581 8065　月-金 9:30-18:00 (水 -19:00)／
土 10:00-18:00／日 12:00-17:30　<ウエスト・エンド店> 33-34 Marylebone High Street,
W1U 4PT　MAP p.11 ㊻-Ⅱ　「Baker Street」駅　TEL 020 7935 0689
月-金 10:00-18:30 (木 -19:30)／土 10:00-18:00／日 11:00-17:00　www.divertimenti.co.uk

色彩豊かな南ヨーロッパの器やフランス製の復刻版カフェオレボウルなど、
暮らしが楽しくなるようなセレクションの数々。

この店がとりわけ力を入れている商品が、ヨーロッパ中の小さな工房で作られている陶器だ。フランス・プロヴァンス地方の艶々したグリーンの器やアイルランドのスタンプ描法で模様をつけたカントリー調の器など、それらを通して買いつけられた時の熱い思いがしっかりと伝わってくる。

私が見る売り場は大体決まっている。まずは地下へ。お菓子の型、木製の道具、シンプルな白い食器、さらにプディングボウルや丸いパイ用の耐熱皿、ティーポットなどイギリスならではの道具を観賞し、階段を上がる。1階では、ヨーロッパ工房の器、空色と淡いクリーム色のボーダーが印象的なコーニッシュウエア、陶器のゼリー型などを見て歩く。こんなふうにお気に入りの売り場をくるくるとまわっているだけで、すっかり満ち足りた気分になってくるのだ。

オリーヴやツゲなど、様々な種類の木で作られた道具やかごが集められたコーナー。

スカイブルーとアイヴォリーのボーダーが特徴的なコーニッシュウエア（コーンウォールの陶器）。

紺色だけで品よくデザインされたジュート（黄麻）製のエコバッグは底が広く使いやすい。

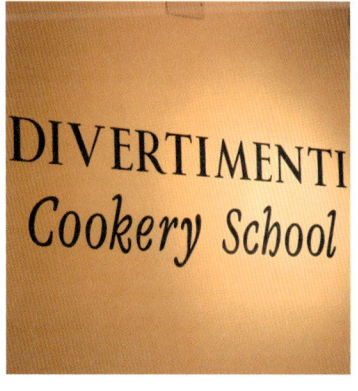

2店舗で料理教室を開いている。住人が多いエリアにあるウエスト・ロンドン店の方が科目も多い。

The Original Maids of Honour Shop

ザ・オリジナル・メイズ・オブ・オーナー・ショップ【ケーキショップ／ティールーム】
288 Kew Road, Kew Gardens, Surrey, TW9 3DU　MAP p.93 ㊼
「Kew Gardens」駅　TEL 020 8940 2752　8:30-18:00　※ランチ 12:30-14:30／
アフタヌーンティー 14:30-18:00　www.theoriginalmaidsofhonour.co.uk

イギリスの田舎を旅していると、クリームティーがいただけるティールームには困らないらしい。「クリームティー」とは、クロテッドクリームつきのスコーンと紅茶のセットのこと。私はまだ田舎でクリームティーを味わったことがないので、いつかはと想いを馳せながら、地下鉄に乗って行けるティールームへと向かう。グリーンの「ディストリクト・ライン」に乗り、終点のひとつ手前のキュー・ガーデンズ駅で下車。5〜10分ほどてくてく歩いて行くと、私が「ロンドンから一番近い田舎風のティールーム」と称するザ・オリジナル・メイズ・オーナー・ショップにたどり着く。店名のフォントが古めかしいところや朽ちてきた屋根の風合い、まあるく整えられた植木鉢が軒先にぶら下がる様子など、ここは私がイメージする田舎のティールームと重なるのだ。

創業は18世紀初頭。長い歴史を持つリッチモンド生まれの銘菓「メイズ・オブ・オーナー」を作り続けている老舗でもある。この銘菓は、エッグタルト皮を思わせる小ぶりのパイ菓子で、パイ皮に流し込まれたフィリングには、卵、ミルク、砂糖の他に、ポロポロとした食感のカッテージチーズのようなものが含まれている。

ここでいただけるティーセットは、品数の違いで、クリームティー、メイズ・オブ・オーナー・アフタヌーンティー、アフタヌーンティー、ハイティー、シャンパン・クリームティーとグレードアップする。イメージ通りのアフタヌーンティーを楽しみたい人には、「High tea（ハイティー）」がおすすめだ。ここのスコーンは、卵が多めのブリオッシュみたいなふんわりタイプ。ひと口ちぎって、クロテッドクリームをすみずみまで塗り、ジャムをのせる瞬間が何よりも楽しみでここを訪れる。

ハイティーセット。サンドウィッチとスコーン2個に、
ケーキかメイズ・オブ・オーナーのどちらかを選び、お茶がつく。

Borough Market

ボロー・マーケット【市場】
8 Southwark Street, SE1 1TL　MAP p.93 ❹❽　「London Bridge」駅
TEL 020 7407 1002　木 11:00-17:00／金 12:00-18:00／土 8:00-17:00
www.boroughmarket.org.uk

ジュビリー・マーケットに出店している焼き菓子屋さん「Sugargrain」。
グルテンフリーのお菓子なのに、どれもとびきりおいしい（右下）。

1755年から続くボロー・マーケットはロンドン最古にして最大。テムズ河を渡ったロンドンブリッジのすぐそばにあり、まさに「マーケット」という名のフードアミューズメントパークだ。週3日開かれる中で、楽しいのは金曜と土曜。ミドル・マーケット、グリーン・マーケット、ジュビリー・マーケットの3区画に分かれ、マーケットでランチをすます心づもりで、しっかりお腹をすかせて出かけて行きたい。シックなグリーンの鉄骨で組み立てられた屋内マーケットのミドル・マーケットからスタートし、カラフルなテントが並ぶオープンエアのグリーン・マーケット、そしてジュビリー・マーケットへ。3つのマーケットを制覇すると、目もお腹もいっぱいになる。観光客からジェイミー・オリバーのようなビッグシェフまで、多くの人がここを訪れる。

Maltby Street

モルトビー・ストリート【市場】
Maltby Street, SE1 2DU　MAP p.93 ㊾　「Bermondsey」駅
9:00-14:00　※土曜のみオープン　www.maltbystreet.com

高架線下はひんやりとしているので食べものを扱うのに適している。
最近ではビーズ・オブ・ブルームスベリー（36頁）も出店。

ボロー・マーケット（118頁）の近くの高架線の下で、土曜になると小さなマーケットが開かれる。レイラ・マクアリスターさん（46頁）が経営するポーランド産のソーセージやハム、ピクルスなどを売る「トポースキ」や、セント・ジョン（86頁）のベーカリー、レイラさんの店でも扱っている「コールマン・コーヒー・ロースター」などが出店している。ホームページにはモルトビー・ストリートとだけ綴られているが、モルトビー通りだけでなく、高架線下のいろいろな通りに、間隔をあけて店開きしているので、事前にホームページで確認しておくとよい。食に相当のこだわりを持ってとり組んでいる人たちの集まりだから、それぞれ品揃えは多くなくても、食べてみたいものが必ず見つかる。これからどんなお店が集まってくるのか、とても楽しみなマーケットだ。

Retro Home & Jewellery

レトロ・ホーム・アンド・ジュエリー【アンティークショップ】
30 Pembridge Road, W11 3HN
MAP p.93 ㊿ 「Notting Hill Gate」駅 Exit3
TEL 020 7460 6525　10:00-20:00

レジの奥にも倉庫があり、時々掘り出し物が見つかる(左上)。
ガラスケースは頼んでお店の人に開けてもらおう(右下)。

ロンドンのアンティークマーケットの王道、ポートベローへは、滞在中に1度は足をのばす。レトロ・ホームがあるのもその理由のひとつだ。マーケットが開かれる土曜、ノッティング・ヒル・ゲイト駅の階段を上がり、人混みをかき分け、マーケットに続く道に入るとレトロ・ホームが見つかる。間口が狭く、奥行きのある店内には、小さめの家具、インテリアグッズ、食器やカトラリー、アクセサリーなど、60～70年代のイギリス製が中心で、無名のものからコレクターズアイテムまでが揃う。

商品にはりつけられた大きな値札も、ここならではのシステム。マス目に売り始めの値段が記され、安くなる度に、赤いマジックで新しい値段が書き加えられていく。どれくらい安くなったかが一目瞭然だから、「お買い得かも」と購買欲に火がつき、気がつけばいつも財布の紐がゆるんでしまっている。

この通りには、同じ系列のショップが数軒並んでいて楽しい。

SOUVENIRS FROM LONDON
ロンドンのお土産、エトセトラ

友人へのお土産、そして自分へのお土産と、ロンドンに行ったら必ず買って帰るものをリストアップ。ショッピングのご参考に。

＊各アイテムが買える店のデータ→127頁

ブレンド
プレーンリーフティー

「レア・ティー・カンパニー」という人気の茶葉専門店がセント・ジョン（84頁）とコラボレーションをして作った朝食向けの紅茶。コクと渋みがミルクティーによく合う。

ST. JOHN & RARE TEA CO.／
セント・ジョン・ホテル
7 ポンド

ジンジャー
ダークチョコレート

スーパーマーケットで手に入るオーガニックチョコレート「グリーン＆ブラックス」。数あるフレーバーの中でおすすめは、生姜の砂糖漬けが細かい粒になって入っている、これ。

GREEN & BLACK'S ORGANIC／
ジョン・ルイス・フード・ホール
2.06 ポンド

ラウンド
ショートブレッド

ショートブレッドといえば、フィンガータイプやクッキー形が多い中、直径11.5cmのラウンドと昔ながらの形をしている。2枚入り。ザクザク感とバターの香りがいい。

DUCHY ORIGINALS ORGANIC／
ジョン・ルイス・フード・ホール
1.79 ポンド

アッサムの
ティーバッグ

ティーバッグに熱湯を注ぐだけで、濃くて香りのよいアッサムが淹れられる。ミルクを注げば1個でマグカップ2杯分。象のマークに2色を配したシンプルなパッケージもいい。

NEWBY／トムズ
3.85 ポンド

海塩入り
ミルクチョコレート

海の塩粒がしっかり感じられるミルクチョコレート。甘辛のコントラストが上品に表現されている。海塩入りチョコレートはよく見かけるようになったが、私は、ロココひと筋。

ROCOCO CHOCOLATES／
ロココ・チョコレーツ（12頁）
4.50 ポンド

ひと口サイズの
ショートブレッド

直径4cmのミニサイズ。ショートブレッドの発祥地、スコットランド地方の家族で営むメーカー手作りの逸品。ロイヤルブルーのボックスに入ったプレーンタイプがおすすめだ。

SHORTBREAD HOUSE／
ジョン・ルイス・フード・ホール
2.65 ポンド

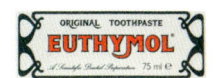

オリジナル
歯磨き粉

通訳兼コーディネーターの渡辺さんに教えてもらった歯磨き粉。きれいな桃色で、湿布薬のような香りに、いつの間にかはまってしまった。小さな薬局でも売っている。

EUTHYMOL／
ジョン・ベル・アンド・クロイデン
2.30 ポンド

花形の
ミニパスタ

ガロファロ社は1789年にナポリ王国で誕生し、イタリアのパスタの歴史を彩ってきた名ブランド。愛らしい花形のパスタは珍しく、スープの具として製造されているもの。

GAROFALO／
ロ・ア・ラ・ブッシュ
1.75 ポンド

コールマンの
コーヒー

「レイラズ・ショップ」のレイラさんに「ミルクを入れて飲む用」と選んでいただいたのが「BRASIL」。「コールマン・コーヒー」はモルトビー・ストリート(119頁)にも出店している。

COLEMAN COFFEE ROASTERS／
レイラズ・ショップ(46頁)
6.5ポンド(250グラム)

バス用
ブレンドハーブ

レモングラスやフェネルシードなど8種のハーブをブレンドしてある。袋ごとバスタブに入れ、時々袋が破れないように搾り、ハーブの薬効と香りをお湯にうつす。6袋入り。

THE WEARY GARDENER'S
RESTORING／ジェフリー・ミュージアム
(66頁)内のショップ 4ポンド

トリュフ風味の
塩

トルコブルーの美しい小ビンに入ったトリュフの香りの塩。オムレツやドレッシング、パスタなど用途はいろいろ。「ハロッズ」や「セルフリッジ」でも買える。

EASY TASTY MAGIC／
フォートナム・アンド・メイソン
5.75 ポンド

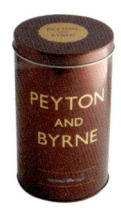

ペイトン＆バーンの
コーヒー

「ペイトン＆バーン」はレストランやベーカリーなどのフードビジネスを展開している。パッケージがかわいくて、特にコーヒー缶は、アルファベットだけの潔いデザインが素敵だ。

PEYTON＆BYRNE／
ペイトン＆バーン
4.95 ポンド

TRANSPORT FOR LONDON
ロンドン路線図

ロンドン市内の公共交通機関には、「地下鉄／アンダーグラウンド(Underground)」「オーバーグラウンド(Overground)」「ドックランズ・ライト・レイルウェイ(DLR)」「ナショナル・レイル(National Rail)」「バス」「トラム」がある。

本書で紹介しているショップやレストランの最寄り駅は地下鉄、オーバーグラウンド、ナショナル・レイルの駅を記載している。

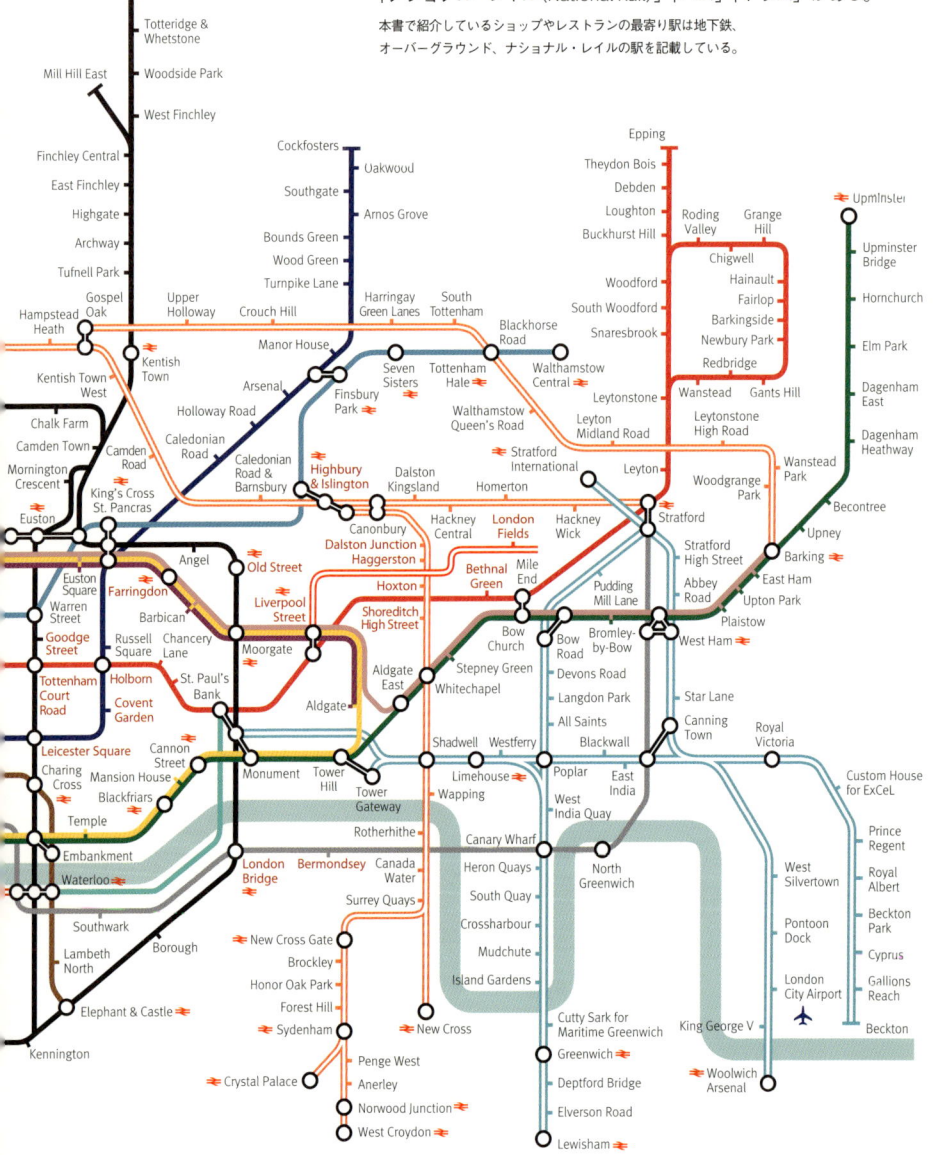

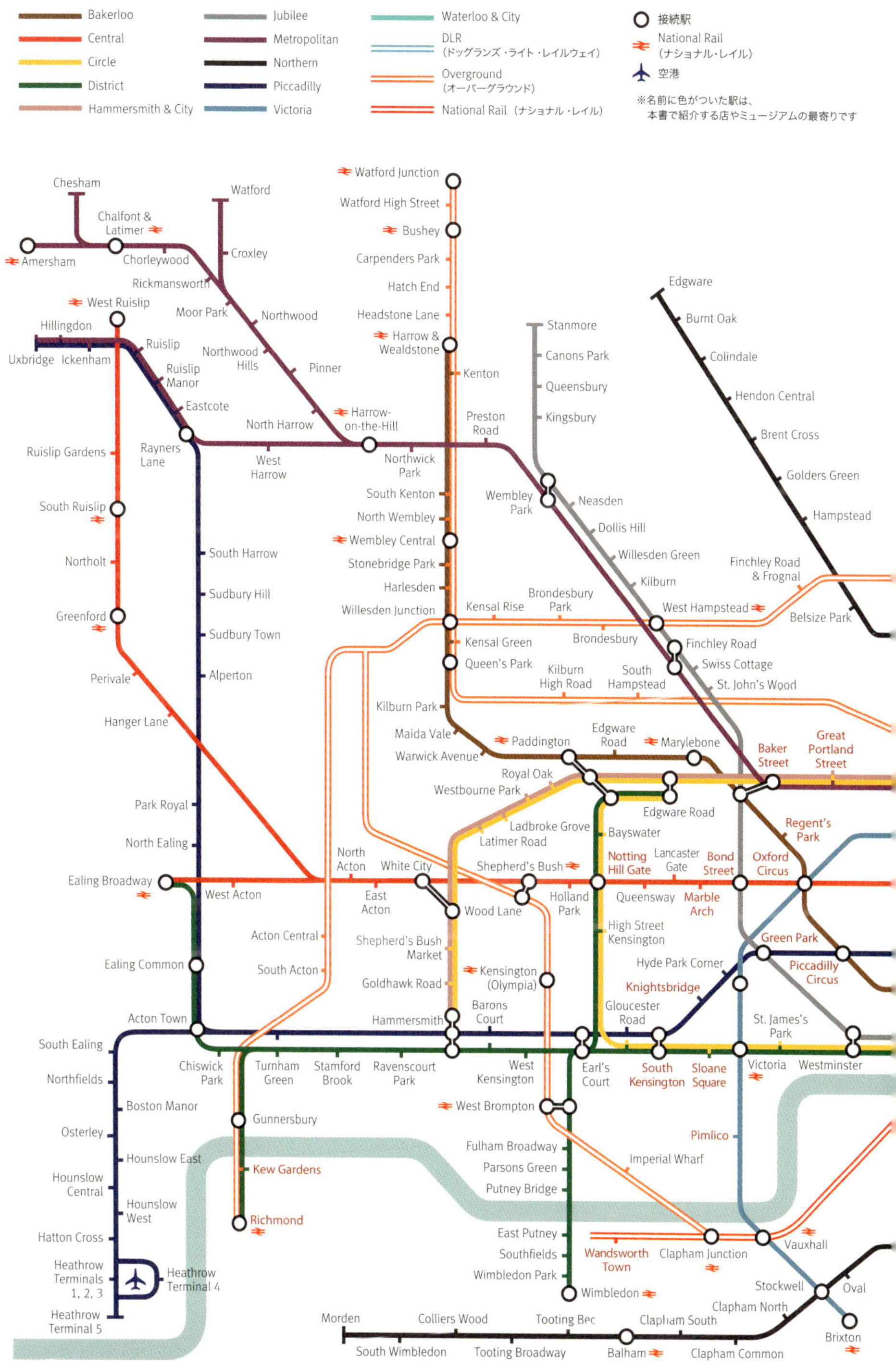

Bakerloo
Central
Circle
District
Hammersmith & City
Jubilee
Metropolitan
Northern
Piccadilly
Victoria
Waterloo & City
DLR
（ドッグランズ・ライト・レイルウェイ）
Overground
（オーバーグラウンド）
National Rail（ナショナル・レイル）
接続駅
National Rail
（ナショナル・レイル）
空港
※名前に色がついた駅は、
本書で紹介する店やミュージアムの最寄りです
Chesham
Watford
Chalfont &
Latimer
Amersham
Chorleywood
Croxley
Rickmansworth
West Ruislip
Moor Park
Northwood
Hillingdon
Ruislip
Northwood
Hills
Uxbridge
Ickenham
Ruislip
Manor
Pinner
Eastcote
North Harrow
Harrow-
on-the-Hill
Rayners
Lane
West
Harrow
Ruislip Gardens
South Ruislip
Northolt
Greenford
Perivale
Hanger Lane
Watford Junction
Watford High Street
Bushey
Carpenders Park
Hatch End
Headstone Lane
Harrow &
Wealdstone
Kenton
Preston
Road
Northwick
Park
South Kenton
North Wembley
Wembley Central
Stonebridge Park
Harlesden
Willesden Junction
Kensal Rise
Kensal Green
Queen's Park
Kilburn Park
Maida Vale
Warwick Avenue
Stanmore
Canons Park
Queensbury
Kingsbury
Wembley
Park
Neasden
Dollis Hill
Willesden Green
Kilburn
Brondesbury
Park
Brondesbury
Kilburn
High Road
South
Hampstead
West Hampstead
Finchley Road
Swiss Cottage
St. John's Wood
Finchley Road
& Frognal
Belsize Park
Edgware
Burnt Oak
Colindale
Hendon Central
Brent Cross
Golders Green
Hampstead
South Harrow
Sudbury Hill
Sudbury Town
Alperton
Park Royal
North Ealing
Ealing Broadway
West Acton
North
Acton
East
Acton
White City
Wood Lane
Shepherd's Bush
Holland
Park
Latimer Road
Ladbroke Grove
Westbourne Park
Royal Oak
Paddington
Edgware
Road
Marylebone
Baker
Street
Great
Portland
Street
Edgware Road
Bayswater
Notting
Hill Gate
Lancaster
Gate
Bond
Street
Oxford
Circus
Regent's
Park
Queensway
Marble
Arch
High Street
Kensington
Green Park
Hyde Park Corner
Piccadilly
Circus
Knightsbridge
Gloucester
Road
St. James's
Park
Acton Central
South Acton
Shepherd's Bush
Market
Goldhawk Road
Kensington
(Olympia)
Barons
Court
Hammersmith
Ealing Common
Acton Town
South Ealing
Northfields
Boston Manor
Osterley
Hounslow East
Hounslow
Central
Hounslow
West
Hatton Cross
Heathrow
Terminals
1, 2, 3
Heathrow
Terminal 4
Heathrow
Terminal 5
Chiswick
Park
Turnham
Green
Stamford
Brook
Ravenscourt
Park
West
Kensington
Earl's
Court
South
Kensington
Sloane
Square
Victoria
Westminster
Gunnersbury
Kew Gardens
Richmond
West Brompton
Fulham Broadway
Parsons Green
Putney Bridge
East Putney
Southfields
Wimbledon Park
Wimbledon
Imperial Wharf
Pimlico
Wandsworth
Town
Clapham Junction
Vauxhall
Stockwell
Oval
Clapham North
Brixton
Morden
South Wimbledon
Colliers Wood
Tooting Broadway
Tooting Bec
Balham
Clapham South
Clapham Common

交通機関を使いこなす

ロンドン市内の公共交通機関には、「地下鉄／アンダーグラウンド (Underground)」「オーバーグラウンド (Overground)」「ドックランズ・ライト・レイルウェイ (DLR)」「ナショナル・レイル (National Rail)」「バス」「トラム」がある。本書で紹介しているショップやレストランの最寄り駅は「地下鉄」「オーバーグラウンド」「ナショナル・レイル」の駅を記載している。

プリペイド式の乗車券やカードを買う

1〜4間滞在の人は、1日フリー乗車券 (Oneday Travel Card) がおすすめ。これは紙の乗車券で、平日の9時30分以降に購入すると安くなる。1-2ゾーン分が9時30分前に購入すると8.4ポンド、9時30分以降に購入すると7ポンド (2012年2月現在)。土・日・祝日は1日中、安い値段で購入できる。

オイスターカード (Oyster Card) はロンドン版のプリペイド式乗車カード。5日間以上滞在する人にはお得だ。購入窓口 (インフォメーションのみの窓口もあるので注意) で「1-2ゾーン分、今日から1週間分がチャージされたオイスターカードをください」と言って購入しよう。オイスターカードは発行料が5ポンドで、1-2ゾーン分／1週間で29.20ポンド、計34.20ポンドだ (2012年2月現在)。なお、1日フリー乗車券は、オイスターカードにもチャージ可能。

(注) ロンドン観光はほとんど1-2ゾーンの範囲でおさまる。ゾーンを越えて乗車してしまった場合、超過分がオイスターカードに記録され、次にチャージするときに請求される。紙の1日フリー乗車券を使う人は、最初から目的地のゾーンを含んだものを購入しておこう。

地下鉄とオーバーグラウンドの乗り方

乗り方はとても簡単。1日フリー乗車券は、改札にある投入口に差し込んでとり、オイスターカードは、改札にあるタッチパネルにタッチをすると扉が開く。乗り換え指示に従って別の線に乗り換え、外に出る場合は「Way out」と書かれた方に向かうと出口がある。

ナショナル・レイルの乗り方

ナショナル・レイルこと英国鉄道は、ロンドン市内の主要駅から出発し、市内を通って郊外へと向かう列車だ。こちらは乗り方が少し異なる。主要駅から乗る場合は、駅の構内に大きな時刻表が掲示されているので、行きたい駅名を見つけ、出発時刻と列車が止まっているホームを確認する。そしてナショナル・レイル専用の改札口から、地下鉄などと同じようにして入る。地下鉄やオーバーグラウンドから乗り換える場合は、一度改札口を出てから、ナショナル・レイル専用の改札口に入る。主要駅以外は改札口がない場合が多いが、オイスターカード用のタッチパネルは設置してあるので、乗るときも降りる時もきちんとタッチすること。

バスの乗り方

バスを乗りこなすのは難しい。1番の理由は、全路線を網羅したルートマップが簡単に入手できず、またバス停にも掲示されてないこと。普通のバス停には、通過するバスの情報しか案内がない。だから、大きなバス停に行き、そこに表示されているルート一覧表 (Destination Finder) から目的地 (例 Trafalgar Square など) を探す。その隣に、目的地に行くバスの番号とアルファベットが表示されているので、まずは該当するアルファベットのバス停を探し、そこから目的地に向かう番号のバスに乗る。一覧表に目的地がない場合は、向かいにある大きなバス停もチェック。それでもない場合は、直行バスがないということなので、バスを乗り継いで行くことになる。乗り方は簡単。まずは手を垂直に挙げてバスを止めること。停留所に人がいても、誰も手を挙げなければバスは通過してしまう。バスの先頭から乗車し、1日フリー乗車券は運転手に見せ、オイスターカードはタッチパネルにタッチ。1-2ゾーンの乗車カードしか持っておらず、ゾーン外のエリアからバスに乗る場合は、バス料金 (片道2.3ポンド／2012年2月現在) を運転手さんに払ってレシートをもらう。次のバス停は、アナウンスが流れるか車内に表示されるので、降車する場合は近くにあるボタンを押す。そしてバスの中ほどからそのまま降りる。

インデックス

フードショップ／カフェ／ティールーム

ロココ・チョコレーツ p.12
(MAP p.11❶-Ⅰ、p.92 ❶-Ⅱ、p.93 ❶-Ⅲ)

スカンジナヴィアン・キッチン
p.18（MAP p.11❸）

メゾン・ベルトー
p.20（MAP p.10❹）

ローズ・ベーカリー
p.22（MAP p.11❺）

ポストカード・ティーズ
p.24（MAP p.11❻）

コノート・ホテル
p.28（MAP p.11❽）

ノルディック・ベーカリー
p.30（MAP p.11❾-Ⅰ、❾-Ⅱ）

ココマヤ
p.32（MAP p.11❿-Ⅰ、p.92❿-Ⅱ）

ビーズ・オブ・ブルームスベリー
p.36（MAP p.10⓬）

ゲルーポ p.41（MAP p.11⓯）

レイラズ・ショップ
p.46（MAP p.44⓰）

トウパス p.50（MAP p.45⓱）

ヴァイオレット p.58（MAP p.45⓴）

エー・ゴールド p.60（MAP p.45㉑）

ヴェルデ・アンド・コー
p.70（MAP p.45㉖）

ユーフォリウム・ベーカリー
p.78（MAP p.45㉙）

メルト p.106（MAP p.93㊷）

オトレンギ p.108
（MAP p.45㊸-Ⅱ、
p.92㊸-Ⅳ、p.93㊸-Ⅰ・Ⅲ）

ザ・オリジナル・メイズ・オブ・オーナー・ショップ
p.116（MAP p.93㊼）

レストラン

ニューマン・アームズ
p.16（MAP p.11❷）

ザ・ゴールデン・ハインド
p.34（MAP p.11⓫）

こや p.38（MAP p.10⓭）

ダ・ポルポ p.40（MAP p.10⓮）

ロッシェル・キャンティーン
p.54（MAP p.44⓳）

ラッシェイロ p.76（MAP p.44㉘）

イー・ペリッチ p.82（MAP p.44㉛）

セント・ジョン・バー・アンド・レストラン p.84（MAP p.45㉜）

セント・ジョン・ブレッド・アンド・ワイン p.86（MAP p.44㉝）

ブレイディーズ p.96（MAP p.93㊱）

リージェンシー・カフェ
p.98（MAP p.92㊳）

雑貨店／アンティークショップ／各種専門店

レイバー・アンド・ウエイト
p.56（MAP p.44⓲）

ツールズ p.62（MAP p.44㉒）

マー・マー・コー
p.64（MAP p.44㉓）

ライアンタウン
p.80（MAP p.44㉚）

アンダーカレンツ
p.88（MAP p.45㉞）

ジャスパー・モリソン・ショップ
p.89（MAP p.45㉟）

デイヴィッド・メラー
p.94（MAP p.92㊱）

ヴェー・ヴェー・ルロー
p.100（MAP p.92㊴-Ⅰ、
p.11㊴-Ⅱ）

ディヴェルティメンティ
p.114（MAP p.11㊻-Ⅱ、
p.93㊻-Ⅰ）

レトロ・ホーム・アンド・ジュエリー
p.120（MAP p.93㊿）

複合店

ヴィンテージ・ヘヴン・アンド・ケイクホール p.72（MAP p.44㉗）

デイルズフォード・オーガニック p.102
（MAP p.92㊵-Ⅰ、p.93㊵-Ⅱ）

ブックス・フォー・クックス
p.110（MAP p.93㊹）

ピーターシャム・ナーセリーズ
p.112（MAP p.93㊺）

公園／博物館

リージェンツ・パーク
p.26（MAP p.11❼）

ジェフリー・ミュージアム
p.66（MAP p.45㉔）

ヴィクトリア・アンド・アルバート・ミュージアム
p.104（MAP p.93㊶）

市場

ブロードウェイ・マーケット
p.68（MAP p.44㉕）

ボロー・マーケット
p.118（MAP p.93㊽）

モルトビー・ストリート
p.119（MAP p.93㊾）

おすすめのお土産が買える店

ジョン・ルイス・フード・ホール
300 Oxford Street, W1A 1EX
JOHN LEWIS地下（MAP p.11 Ⓐ）

セント・ジョン・ホテル
1 Leicester Street, WC2H 7BL
（MAP p.10 Ⓑ）

トムズ
226 Westbourne Grove,
W11 2RH（MAP p.93 Ⓒ）

ペイトン&バーン
196 Tottenham Court Road, W1T
7LQ HEALS内（MAP p.11 Ⓓ）

ロ・ア・ラ・ブッシュ
35-37 Broadway Market,
E8 4PH（MAP p.44 Ⓔ）

フォートナム・アンド・メイソン
181 Piccadilly, W1A 1ER
（MAP p.11 Ⓕ）

ジョン・ベル・アンド・クロイデン
50-54 Wigmore Street,
W1U 2AU（MAP p.11 Ⓖ）

山本ゆりこ

菓子・料理研究家。日本女子大学家政学部食物学科卒業後、1997年に渡仏。リッツ・エスコフィエ、ル・コルドン・ブルーで製菓のグラン・ディプロムを取得。パリの三ツ星レストランやホテルなどで修業を積んだ後、12年間のパリ暮らしを経て、帰国し、現在は福岡市在住。執筆活動に入る。著書に『パリの宝物70』(毎日新聞社)、『パリの小さな店案内』『パリの小さなレストラン』(共に六耀社)、『わたしのフレンチ・スタンダードAtoZ』(マガジンハウス)、『旅するお菓子ヨーロッパ編』(リベラル社)などがある。

yamamotohotel.jugem.jp

秘密のロンドン50

ブックデザイン	増田菜美 (ロクロクデザイン)
写真	山本ゆりこ
地図作成	山本藍子、大類百世、岡田友里 (大空出版)
通訳・コーディネーター	渡辺賢

印刷	二〇一二年 六月 一五日
発行	二〇一二年 六月 三〇日
著者	山本ゆりこ
発行人	梁瀬誠一
発行所	毎日新聞社
	〒100-8051 東京都千代田区一ツ橋1-1-1
	出版営業部 03-3212-3257
	図書編集部 03-3212-3239
印刷	東京印書館
製本	大口製本

©Yuriko Yamamoto 2012, Printed in Japan
ISBN 978-4-620-32131-8

乱丁・落丁本は小社でお取替えいたします。
本書を代行業者などの第三者に依頼してデジタル化することは、たとえ個人や家庭内の利用でも著作権法違反です。